crucial accountability

クルーシャル・アカウンタビリティ

Tools for Resolving Violated

期待を裏切る人、約束を守らない人と向き合い、課題を解決する対話術

Kerry Patterson
ケリー・パターソン ●
Joseph Grenny
ジョセフ・グレニー

David Maxfield
デビッド・マクスフィールド ●
Ron McMillan
ロン・マクミラン ●
Al Switzler
アル・スウィッツラー

吉川 南 訳

※本書における「クルーシャル・アカウンタビリティ」とは
「重要な対話において果たすべき説明責任」〔編集部注〕

CRUCIAL ACCOUTABILITY
Tools for Resolving Violated Expectations,
Broken Commitments, and Bad Behavior

Mcgraw-Hill Education books are available at
special quantity discounts to use as premiums and sales promotions.
To contact a representative, please e-mail us at bulksales@mcgraw-hill.com.

Japanese translation rights arranged with
Mcgraw-Hill Global Education Holdings, LLC.
through Japan UNI Agency, Inc., Tokyo

本当に困難な（時には敵意さえ持たれかねない）重要な説明責任がある会話と問題解決に、巧みに取り組んできた管理者や同僚・チームメンバー・親たち・仲間・専門家ら、世界の優れたリーダーたちに本書を捧げる。

あなた方の実践から多くを学んだ。あらためて感謝したい。

はじめに

本書を読みながら、ＤＮＡの二重らせん構造を発見したＪ・Ｄ・ワトソンとフランシス・クリックのことがしきりに頭に浮かんだ。二人は生命の謎を追求して新たな世界を開き、一九二〇年にノーベル生理学・医学賞を受賞する。

本書の著者たちがノーベル賞を受賞するかどうかは知らないが、私は心のどこかで、彼らの画期的な業績もそれに値するだろうと思っている。

これは突拍子もない考えだろうか？　いいや、そうは思わない。

戦争と平和、健康と病、結婚と離婚、無残な失敗と輝かしい成功……。これらの基本的な社会問題は、本質的に人間関係がうまく機能しているかどうかに関わっている。それはカップルであっても、小さなレストランや部員二〇人ほどの経理部など小組織であっても、軍隊やフォーチュン上位五〇社の大企業でも、さらには悲惨な戦争の瀬戸際に立った国家でも同じことだ。

ここに我らがワトソンとクリックが発見した「組織のＤＮＡ」という不可欠な要素を導入したらどうなるだろうか。組織のＤＮＡとは、重要な説明責任がある会話（アカウンタビリティ・ディスカッション）のことだ。

成功する組織をつくるカギが何かについて、これまでにも多くの議論があった。名高いマネジメント専門家は「正しい戦略を適用すれば、結果はおのずと付いてくる」と信念を語り、別の専門家は「勝者と敗者を分けるのは、コア・ビジネス・プロセスだ」と主張した。さらには「組織の効率はリーダーの選択にかかっている」という意見もある。

もちろん、これらは間違いではない（私自身、長年にわたり声高にそう主張してきた）。だが、こうした専門家がこれまで見落としていたことがある。組織の成功不成功を決定づけ、輝かしい結果を生み出すのは、「組織のＤＮＡ」であるという点だ。

私が本書に惚れ込んだのは、自分でも完璧だと思った戦略が、同僚や会社のキーパーソンとの責任ある会話に失敗したせいで、一瞬にして水の泡になったケースをうんざりするほど目の当たりにしてきたからだ。

本書が世に出るまで、なぜこれほど待たされたのか。それは時代のせいなのだろう。かつて、私たちはもっとのどかな世界に住んでいた。実際に戦争が始まるまでには何十年もの準備期間が必要だったし、企業内部で問題がくすぶっていても、簡単には炎上することはなかった。うんざりする結婚生活だって、最悪の状態に至るには何年もかかったのだ。

だが、現代はそんな悠長な時代ではない。マーケットも容赦ない。新製品の売れ行き不振や爆弾テロ事件が、たちまち致命傷につながる。だからＣＩＡからウォルマートに至るまで、すべての組織は効率性を身に付けることが緊急の課題となった。これは人間関係でも同じだ。

本書の出版が独創的で大胆な進歩であることは間違いない。そして、すべての先端科学と同様、それはがっしりした基礎に支えられている。巧みな語り口でここ半世紀の心理学や社会心理学の研究成果を噛み砕き、業績や信頼を裏付ける「重要な対話において果たすべき説明責任」（クルーシャル・アカウンタビリティ）の何たるかを解き明かす。これこそ、人間関係や組織を左右するカギだ。

本書は既存の研究を効果的に活用し、核心を突く仮説を提示する。また、さまざまな実例と説明は明快で説得力がある。数多くの研究結果とストーリーから、ここ数十年の時代の変化に苦しむ人々が取りうる現実的なアイデアと的確なアドバイスを導き出す手並みは、実に見事というほかない。

この一〇年に出版された「マネジメント」に関する書物から一冊だけ読むべきものを挙げるなら、私は迷わず本書を推すだろう。

トム・ピータース
マサチューセッツ州レノックスにて

目次

読者の皆さまへ

本書は『クルーシャル・カンバセーション Crucial Conversations: Tools for Talking When Stakes Are High』の姉妹編である。すでに同書を読んだ方、それについて話を聞いたり、アクション・フィギュア⁉を購入したりした方は、きっとこんな疑問を持つことだろう。「クルーシャル・カンバセーションとクルーシャル・アカウンタビリティ（Crucial Accountability）とはどう違うんだろう」――よい質問だ。

クルーシャル・カンバセーションは、感情が高ぶって意見が食い違っている危機的な状況に対処するためのものだ。一方、クルーシャル・アカウンタビリティは、こうしたやりとりの一部分を対象とする。双方が共通の理解に至って、何をなすべきか決まった後に――万事が順調だったのに――どちらかが自分のやるべきことを達成できない状況について考えるものだ。

責任ある対話はすべて、「なぜあなたは自分の約束を破ったのか」という質問から始まる。そして最後は、単に問題が解決されるだけでなく、双方が納得して関係が強化されるような形で終わる。一言で言えば、責任ある対話とは、厄介で、複雑で、何日も眠れないほど困難なやりとりが続くものだ。

つまり、この二冊の本はこうした関係にある。本書は『クルーシャル・カンバセーション』の主要なコンセプトをざっと見直しながら、そこで示された原則を活用する。とは言うものの、本書に登場するエピソードの多くは、破られた約束に関する難問を扱っており、したがって新しく独立した内容となっている。本書を手に取って目を通し、そこに書かれたアイデアを実行に移せば、二度と約束破りを見逃すようなことはなくなるだろう。

序章
――クルーシャル・アカウンタビリティとは？　誰が使うのか？

私の困った癖は、すべてを自分のなかに抱えてしまうことだ。怒っていても、それを表に出せずに内に溜め込んでしまう。

――ウディ・アレン

期待を裏切るメンバーにどう向き合うか

遅かれ早かれ、あなたの身にも同じことが起こるだろう。行儀よく行列に並んでいると、何者かが前に割り込んでくる。「何だ、こいつ……」。ここは何か言ってやらねばならない。「もしもし、間違えていませんか？　列の最後はあちらですよ」

そう大声で言うと、相手の注意を引くために、あなたは列の最後尾を指さす。もちろん、誰もあなたをばかにしたりはしない。

すばらしい勇気を持っているのは、あなただけではない。数年前のこと、我々は地方のショッピングモールの買い物客を対象に、「行列への割り込みを注意しますか?」というアンケートをとってみた。すると、大半の人が「注意する」と答えた。当然だ。カモになりたい人などいないだろう。ところが、実際に映画館の行列に人を割り込ませてみたところ、誰も注意しなかった。誰一人だ。

確かに全員が完全に沈黙していたわけではない。何人かは顔をしかめたり、連れに目配せして不平を言ったりしていた。不届き者の陰口を言う権利だけは確保しておこう、というわけだ。

しかし、見せ場はこれからだ。割り込みする者の年齢、性別、体格などを変えて何度か実験を繰り返しても人々の反応に変化は見られなかったのだが、ついに一人の女性が動きを見せたのだ。彼女は自分の前に割り込んだ女性の肩をポンと叩くと、こう尋ねたのである。「その髪、どこでカットしたの?」

(この実験の再現ビデオ「Whose Line Is It Now?」は、以下のサイトで見ることができる。http://www.vitalsmarts.com/bookresources)

計算の問題

なぜ目の前で決まり（ここでは神聖な行列を乱す行為）を破る人がいても、みな黙っているのだろうか。実験の後で、列に並んでいた人たちに尋ねてみた。すると多くの人がこう答えた。「マナー違反を注意しても割に合いませんから」。つまり、頭のなかで計算しているのだ。たいした違反じゃないし、注意したらかえって面倒なことになるかもしれない、だから黙っておこう、というわけだ。

違反の程度をもっとひどくしたらどうなるか。場所をショッピングモールから大学の図書館に移して、勉強する学生の隣に座り、大きな音をたててみた。だが、やはり誰も注意しようとしない。実験チームは静寂の聖地とも言うべき場所で、ほとんどパーティーを開いているも同然だった。図書館で大声で騒いでいたのに、誰からも何も言われなかったのだ。

そこで、さらに図書館の利用者にピタリとくっつくように座って、彼らが読んでいる本から一節か二節を拾い読みしてみた。それでも直接注意する人はいない。次に学生会館のカフェテリアに行って、他の学生の隣に座り、「何を食べているの？」と尋ね、そのトレーからフライドポテトやパイをつまみ食いした。それでもほとんど注意されなかった。

このような反応はあまりに受動的で、病的に思えるかもしれない。しかし、これは我々の調査にかぎった話でもないし、いまに始まった話でもない。この行列への割り込み調査を始めて三〇年になるが、いまでは同じテーマを扱うテレビ番組が数多くつくられている。隠しカメラをしかけておき、何も知らない一般人の前で俳優に非常識な行動や眉をしかめるような言動をさせる。そして、その後に起きる滑稽な出来事をカメラに収めるのである。

見知らぬ人の皿からものを食べるよりもっと奇妙な場面（誘拐を思わせる場面を見せたり、歩道で卒倒したり、あくどい人種差別的な発言を聞かせたりとか）を演出する。ところがそれを見た人たちの多くは無反応なのだ。誰かが目の前で命の危険にさらされないかぎり、いや、それでもなお、目撃者の多くは黙っている。

万一、その出来事が実験やテレビ番組でなく、真にリスキーな状況であれば、沈黙は人の死につながるかもしれない。このような状況でも沈黙している人々を、あなたはどう思うだろうか。そして、あなた自身は誰かが傷ついていても沈黙を守るのだろうか。

ひとつ目の質問に答えることはそう難しくない。近くの病院を訪れるだけでいい。先進国の病院であればどこでも、病室のドアの脇に消毒剤のポンプが据え付けてあるだろう。院内感染を防ぐため、医療従事者は病室に入るときに手を消毒する決まりになっている。

たとえば、あなたは義父の見舞いのため、ある病院に来ている。そこへ医師が回診に来る。その医師はコレラ、髄膜炎、黄熱病の患者たちを診察してきたところだ。ところが医師は消毒用ボトルの前をそのまま通り過ぎて、義父を触診しようとする。だが、その日は幸いにも看護師が付き添っており、その様子を見ていた。きっと彼女が医師の不注意を指摘してくれるだろう。

ところがだ。ほとんどの看護師は黙っているのだ。これは前述のとおり、計算の問題だ。手の消毒を忘れたことを指摘すれば、医師は腹を立てるかもしれない。医師に逆らったら看護師の経歴に傷が付かないともかぎらない。それに、病気はそう簡単にうつらないだろうし、医師は途中で手を洗ってきたのかもしれない。看護師は頭のなかでこう計算して、沈黙の群れに加わるのである。

サイレント・マジョリティー

医療業界に対して厳しすぎるだろうか。そうではない。災害につながりかねない場面で他人の無責任な行動を見逃す習慣は、何も病院での手の消毒や映画館の行列にかぎった話ではない。三〇年以上にわたるショッピングモールでの調査の結果、約束の不履行や責任の放棄、不適切な行動、期待を裏切る言動を見て、それをちゃんと注意する人は驚くほど少ないことがわかった。

たとえば、我々が行った聞き取り調査によれば、祝日に親戚が集まるイベントに出かけることを苦痛だと答えた人は、回答者の三分の二に上る。なぜなら、親戚のなかには必ず一人や二人は不愉快な言動をとる者がいるが、それに対して誰も注意しないからだ。注意しようとすると不快な口げんかになってしまうため、結局はみんな黙り込んでしまう。そしてストレスに耐えられず、できるだけ早く集まりを抜け出そうとするのだ(1)。

企業でもこれと似たような話がある。従業員を対象に行った調査では、大半が職場で政治の話はしないという。政治的見解を口にすると、しばしば同僚から不快なほどの反発を受けるからだ。耳障りな議論に巻き込まれるくらいなら、はなから政治的な話題は口にしないことを選ぶわけだ(2)。

なぜ職場で沈黙することを選ぶのか。調査対象者の九三パーセントは、席を並べて働くのが苦痛な同僚がいると答えているが、誰も相手にその問題を指摘しようとはしない。というのは、それを指摘するのがあまりに危険だと思っているからだ(3)。同様に、同僚の仕事のやり方に危険を覚えてもそれを指摘しない人は何万人もいる。結局、同僚の責任を追及することもしないし、仕事のルールを破っていることを指摘することもない。聖人君子ぶっていると見られるのが嫌だからだ。

次のケースはどうだろうか。やはり我々が調査したプロジェクト・マネジャーの七〇パーセントが、進行中のプロジェクトは非常識な納期が設定されているため、絶望的な遅れが生じていると認めている。にもかかわらず、納期を決定する段階では誰もそのことを指摘していない。上司に対して「納期を決める前に相談してもらえませんか」と言った人は誰もいなかったのだ。さらに、機能横断型チームのメンバーが約束を守らずにプロジェクトが危機に陥ったとき、その問題をめぐって率直な話し合いが行われる確率は二〇パーセントに満たない[4]。

ニュースを見ていると、この沈黙は生活のあらゆる側面に広まっていることがわかる。たとえば、一九八二年一月一三日朝、バージニア州とワシントンDCを結ぶ橋にボーイング七三七型機が激突し、乗員乗客七九人のうち七四人が死亡するという事故があった。後の調査で明らかになった事故原因は、副操縦士が主翼の着氷の危険性を指摘したにもかかわらず操縦士から無視され、そのかたくなな態度に恐れをなして黙ってしまったことにあった。ひとつの沈黙によって、七四人の命が失われたわけだ[5]。

航空事故の極めつけは何と言っても、スペースシャトル「チャレンジャー号」が全国民の見守る前で空中分解したケースだろう。後にわかったことは、数人の技術者が燃焼ガス漏れを防ぐO《オー》リングの不具合を懸念していたにもかかわらず、上司に率直に話ができない状況だったため、誰もそれを報告しなかったのだ[6]。

しかし、なぜこのようなことが起きるのか。それは人と状況の関わりが一定の条件に置かれると、誤りを指摘することができなくなるせいだ。個々の上司やパイロット、医師、同僚や親戚のせいではない。もちろん、行列に割り込んだ人が原因でもない。

期待への裏切りに対処する

では、しばしば問題を引き起こすこの計算式を、どうしたら変えられるのだろうか。費用対効果の計算方法に変化を起こし、嘆かわしい沈黙を打ち破って説明責任を取り戻すことは可能なのか。

その問いに答えるため、先ほどの行列の割り込みの実験に戻ろう。割り込みを注意するのは割に合わないと考える人たちに、注意の仕方を教えたらどうだろうか。上手なコミュニケーションの手本を示せば、彼らも計算式を変えて、割り込んだ人に注意するようになるのではないか。

それを確かめるため、今度は実験の手順にひとつの工夫を施した。協力者を映画館の行列に紛れ込ませておき、その前に割り込みをさせるのだ。協力者は沈黙の慣習を破って、はっきりとこう注意する。「おい、ちょっと。みんなと同じように行列の最後に並びな！」すると違反者（こちらも研究チームのメンバーだが）は謝罪して、こそこそと行列の最後に向かう。

ここからが見ものだ。数分ほど時間をおいてから、先ほどの「勇気ある」協力者のすぐ後ろに並んでいる人の前に割り込みをさせる。割り込まれた人は、自分が耳にした台詞を使って注意するだろうか。果たしてこの手は見事に成功するのか。割り込んだ者はコソコソと行列の最後へと去り、頭のなかの計算式も変更されるに違いない――。

だが、これだけでは駄目だった。割り込みをズバリと注意するモデルを見た人は、誰もその言葉を使って注意しようとはしなかったのである。実験の対象者に理由を尋ねると、ばか正直に割り込みを正面から注意するようなまねはしたくないという。これはもともと、彼らが沈黙を守る理由のひとつだった。ギャングのようなまねをすることも、醜い言い争いを引き起こしかねないリスクを背負うこともしたくないのだ。どうせ不快な思いをするだけだと思っている人に、さらなる不快をもたらす言い回しを教えても、計算式や行動の変化にはつながらなかったのだ。

事実、多くの人が沈黙を選んでいるのは、似たような経験をした結果だ。がっかりさせられ、責任を押し付けられ、あるいはひどい扱いを受けて、結局は落胆することになる。そしてある日、再び問題が起こると、今度はカッとなる。沈黙の代わりに言葉の暴力に走り、親戚と声高にやりあったり、同僚に怒鳴りつけたり、上司に対して独善的な態度をとったりして、それがさらに問題を生んでしまう。

おそらく読者も同じような経験があるだろう。何度も期待を裏切られても、何週間かフェアに振る舞っているうちに我慢できなくなり、問題の相手を言葉で攻撃してしまうのだ。最初のうちは激しい叱責が効を奏しているように見えるが、ふと気付くと周囲は決まりを破った側ではなく、あなたの方を見つめている。この場面だけ見たら、あなたが悪者になってしまったようだ。どうしてこうなるのか。

失敗に学んだあなたの頭のなかには、悪い結果が予測される数式が刻み込まれる。ばかだと思われるより、黙っていた方がいい。もう人に注意なんかするものか――。

ここが留意すべき点だ。多くの人が誰かに失望したり、ひどい扱いを受けたりしたために、次の二つの効果のない行動をとっている。（1）沈黙して問題を長期化させる。（2）相手に注意して新たな問題をつくる。その結果、二つの不適切な選択肢のあいだで身動きがとれなくなってしまう。誰もが何か言いたいとは思っている。しかし、求めているのは、不快で下品な口論につながらないような方法だ。

そのことを頭に入れて、我々は新しい手法で三度目の実験を開始した。今回は行列の人たちに役に立つモデルを示すことにした。自分の前に割り込みをされた協力者は、きっぱりと、しかし礼儀正しく注意する。「すみません、たぶんお気付きでないのでしょうけど、私たちはもう三〇分以上も並んでいるんです」（あくまで丁寧に、相手を責めないように気を付ける）。すると割り込みした者は謝罪し、そそくさと行列の最後に向かう。

その数分後、やらせのやりとりを目の前で見ていた人の前に割り込みをさせ、その反応を観察した。よりよい台詞を見た人は、頭のなかの計算式を最後に自分が人に注意した昔のものに戻すだろうか。あるいは、そのまま黙っていても並ぶ時間はあまり違わないのだからと、やはり沈黙を選ぶだろうか。

するとこの丁寧なやりとりを見た人の八〇パーセント以上が、沈黙の慣習を破って割り込みを注意したのだ。しかも、彼らは自分が聞いたとおりに「すみません、たぶんお気付きでないのでしょうけど……」という台詞を使ったのである。

驚くべき結果だ。不正を注意した結果、失望したり、ひどい扱いを受けたりした人たちに、望みの結果を得る話し方を教えたところ、彼らは頭のなかの計算式を変えた。さらに行動までが変化したのである。こうして人々は、約束の不履行や不適切な行動を見たら、それを指摘することが自分にも利益になると信じるようになり、行動に移すようになった。

クルーシャル・アカウンタビリティ

時間はかかったが、ついに人々を問題に取り組ませて、他人に注意させる方法が見つかった。だが、これだけで喜ぶのは早い。この実験は単にマナー違反を指摘するという、ささいな問題を対象としたもので、うまくいきそうだからトライする気になったのだ。責任ある会話の方法を学ぶという点では、まだよちよち歩きにすぎない。

もっと重要で複雑な規則違反を正すための緊迫した会話の場面ではどうだろうか。マナーをひとつ変えれば問題が解決するような単純な状況以外で、相手の行動に責任を持たせるための会話ができるだろうか。歩くだけでなく、走れるようになるだろうか?

それを知る機会がすぐに訪れた。割り込みを注意させる実験が成功してまもなく、一本の電話がかかってきた。それは米中西部の大手製造会社の工場長からの相談だった。話を聞きに訪れると、工場長は困り果てた様子で訴えた。「仕事に対する責任意識が、職場から跡形もなくなってしまったんです。人殺しでもしないかぎり、会社をクビになることはありませんからね」。「それも、有能な人材を殺さないとね」と、人事担当役員が薄ら笑いを浮かべながら付け加えた。

これは難問になりそうだ。人は適切な状況に置かれさえすれば、「説明責任を果たす」(アカウンタビリティの)スキルを学ぶ力があることは明らかだ。しかし、約束を守らない相手に対してそれを指摘したところで、相手にそれを守る意欲がなかったり、何をすればいいかわからなかったり、別の問題を持ちだしてはぐらかしたり、会話するだけで気を悪くしたりしたら、どうすればいいのだろうか。会話がちぐはぐになって混乱した状態では、相手に責任ある行動をさせることは難しい。

ポジティブな逸脱者

長期にわたる複雑な問題について話し合った成功事例を求めて、工場長にこう聞いてみた。「おたくの職場で、責任ある会話の上手な現場監督はいませんか」。もしいれば、その手並みを実地に観察させてもらおうと考えたのだ。

すると工場長は、現場監督が二つのグループに分かれていると言った。彼の説明では、一方のグループは、ある種の「社交クラブ」を運営している。彼らはとても人当たりがよく、職場の士気も高い。ところが、めったに部下の規則違反を指摘しないので、平凡な業績しかあげられない。もう一方のグループは問題に適切に対処しているが、頭ごなしに命令したり脅したりするため士気は低く、その結果、こちらも業績は芳しくない。

だが、工場長はそのなかに何人かの例外がいることを思い出した。部下の違反を指摘しながらも、問題を解決すると同時に人間関係もうまくいっている。相手に率直にものを言いながらも尊敬されており、問題解決にあたって権威を振り回すこともない。

そこでまず、これらの「ポジティブな逸脱者」から学ぶことにした。ポジティブな逸脱者とは、他の人たちと同じ状況にありながら、目立ってよい実績をあげている人たちのことだ。多くの人が失敗していても、一握りの人たちは危険を切り抜けて成功を収める。そして、その行動を自分で観察し、失敗のケースと自分の行動の違いを見極めた上で、周囲に成功の方法を教えるのだ。一言で言うと、ポジティブな逸脱者のベスト・プラクティスに学び、彼らの経験を全体で分かち合えばいいのである。

これは試してみる価値がある。責任ある会話のスキルを発見して、それを教えてやれば、他の管理者も頭のなかの計算式を変えるのではないだろうか。そうすれば、彼らはポジティブな期待を持って責任ある会話を実行するようになるだろう。

数カ月にわたり、ポジティブな逸脱者の行動と他のリーダーたちの行動を比較した。そしてついに、ポジティブな逸脱者が部下との責任ある会話で使っている、彼ら独自のスキルを見つけ出すことに成功した。

たとえば、彼らが部下の規則違反を指摘したのに、相手は行動を改めるどころか反抗したとする。

「たいしたことじゃないでしょう?」

この言葉を受けて、多くの人たちが説教や脅しという手段に訴えて失敗するが、ポジティブな逸脱者は違うやり方をする。

あるいは、部下は能力の壁を理由に挙げるかもしれない。

「やってはみましたが、トラッキング・ソフトの使い方がよくわからないんです」

このケースでは、その場ですぐに使い方を教えようとする人が多いだろう。だが、ポジティブな逸脱者はすぐに答えを教えようとはしない。

ときには部下が何か問題を隠していて、かたくなで無礼な態度に出ることもある。

「あなた、自分を何様だと思っているんですか？」

多くのリーダーが、それに対してもっともらしい説教をするだろう。だが、ポジティブな逸脱者は違う対応をとる。

わが研究チームは、多くの人が失敗する場面で成功を収めているリーダーのスキルをひとつずつ確認しながら、その洞察と行動を明らかにしていった。そしてそれを研修プログラムにまとめ、全世界の数十万人を対象に責任ある会話の教材として利用した。本書はこのベスト・プラクティスを広く世に広めるために書かれたものである。

だが、自分のケースには適用できるのだろうか？

長年の研究の結果、責任ある会話に役立つ二〇数種のスキルが見出された。それらはポジティブな逸脱者が適切な瞬間に適切なスタイルで使っているスキルだ。確認すべきは、次の二点だ。（1）いつ教えれば、実際の場面でそのスキルを使えるのか、（2）そのスキルを使えば、本当によりよい結果が得られるのか。

ポジティブな逸脱者のスキルを他の人々に教えたところ、そのインパクトは驚くほどだった。もちろん、説明を数行だけ読んで放り出してしまった人たちには何の変化も起きなかった。また、紹介したスキルのうち一つか二つ、つまみ食いしただけの場合も、当然ながら状況の改善にはつながらなかった。しかし、本書を読み、ポジティブな逸脱者を手本にした最善のスキルを日常の仕事に活用した人たち（またはワークグループや組織）には、大きな進歩が見られたのである。

たとえば、先の製造工場で一年にわたってベスト・プラクティスの研修を行い、現場でプロ意識を持って規則違反に取り組んだところ、一年間で四〇〇〇万ドルもの利益向上を達成することができた。実施方法について尋ねると、工場長はこう説明した。「問題が大きくなって手が付けられなくなる前に、リーダーたちが部下と話し合って解決にあたるようになりました。その結果、問題を解決するだけでなく、社員のきずなも深まりました」

「責任のない国」での最初のプロジェクトを終えた後、我々は数十の組織でコンサルタントをしながら、責任ある会話と生産性向上との関係について調査を続けた。以下はバイタルスマート社の研究から抜粋した調査結果の一部である。

・病室への出入りの際に手を消毒し忘れるなどの規則違反を、関係者が相互に注意する方式を採用した病院では、手洗いの実施率が七〇パーセントからほぼ一〇〇パーセントに上昇した（そのうち二カ所の病院では、研修後の手洗い実施率があまりに高いため、その結果を疑った監査担当者が分析し直したほどだ。その結果、規則違反への対処方法を学んだ後で、手洗い実施率がほぼ一〇〇パーセントに達したことが事実であることがわかった)。

- ある大手通信会社で責任ある会話のスキルを従業員の新しい慣習として取り入れたが、そのスキルの使用者が一八パーセント増加したところ、生産性が四〇パーセント以上向上した。
- あるITグループでは、二二パーセントの従業員が責任ある会話を実践したところ、品質が三〇パーセント、生産性が約四〇パーセントも向上した。一方、コストはほぼ半分に低下し、従業員の満足度は二〇パーセントアップした。
- 大手防衛関連企業のプロジェクトでは、責任ある会話のスキル使用者が一パーセント増えるごとに、生産性が一五〇万ドルずつ向上した。研修開始から九カ月後、従業員の一三パーセントがスキルを身に付けた。その結果は自分で計算していただきたい。
- 最も興味深い発見は、個人的なキャリアアップの事例だ。責任ある会話をうまく実践している従業員を見つけるには、リーダーに自分の最も有能な部下が誰かを聞けばいい。リーダーから選ばれる最も優れた従業員は、ほぼ例外なく責任ある会話スキルを身に付けたポジティブな逸脱者だからだ。責任ある会話を実践し、仕事を見通しのよいものにし、組織への信頼を深めれば、最も有用な人材として評価されるだろう。

もし不確実な遠い将来を見通したいなら、巨人の肩を借りてその上に立てばいい。それと同様に、責任ある会話をうまく使うスキルを学びたければ――同時に、説明責任を果たす文化を組織に導入した成果を手に入れたければ、ポジティブな逸脱者の肩を借りることだ。実際、我々著者グループも、優れたコミュニケーション能力を持つ人々の知恵を借りて、それを個人的な習慣として身に付け、大いに役立てることができた。

まとめ

我々はポジティブな逸脱者が示してくれるスキルを参照し、そこから一式の「重要な対話において果たすべき説明責任」（クルーシャル・アカウンタビリティ）のスキルを組み上げた。それを本書で順次解説していく。その一連のスキルは責任ある会話を始める前、会話の最中、会話が終わった後を通じて、有益な道しるべを提供してくれるだろう。それはまた、これまであなたが目にしてきた紋切り型の悪例とは違い、状況に合致した、より思慮深い会話を生み出すための力となることだろう。

興味をそそられただろうか？

では、ポジティブな逸脱者の優れたスキルを学び、それを活用して家族や職場、地域社会に、責任ある行動と見通しのよい信頼関係をつくりあげよう。

第Ⅰ部

自己を改善する

責任ある会話の前にすべきこと

責任ある会話を行う前に、まず重要なのは自分自身を改善することだ。「他人を変えてやろう」と思っても、望みの結果は得られない。人間にできるのは、自分を変えることだけだ。

とはいえ、責任ある会話がうまくいくかどうかは、相手に何をどう伝えるかにかかっている。話の内容はもちろん、その伝え方を、実際に話を始める前によく考えておく必要がある。約束を破った相手が耳を貸さなければ、どんなに周到に準備した言葉も届かない。責任ある会話をマスターした人は、話を始める前に次のように頭を整理している。

- 問題のありかを正しくとらえる（第1章「話の内容と、それを言うべきかどうかを決める」）。
- 事実関係、ストーリー、自分の感情を整理しておく。そうすることで、相手を悪党ではなく、ひとりの人間として見られるようになる。感情的対応の元になるストーリーを組み立て直し、自分の気持ちをコントロールする（第2章「正しいストーリーを創る」）。

1

話の内容と、それを言うべきかどうかを決める
――何を話すのか、そして、その話をすべきなのか

昨晩、うっかり夫のことを元の彼氏の名前で呼んでしまって、まったくきまりが悪いったらありませんでした。
ところが、そのあと、また失言をしてしまいました。夫に「ポテトをとってちょうだい」と言おうと思ったのに、思わずこう言ってしまったのです。「死ね、負け犬。あなたのせいで私の人生はめちゃくちゃよ！」

世の中に単純な問題というのはあまりない。もしあったとしても、そう気にすることでもない。問題はつねに複雑に絡みあっている。たとえば、あなたが上司から約束されてい

た昇給を取り消されたとしよう。上司が約束を破ったのはこれが二回目だ。この前は会議中にいきなり告げられたので、その場で文句を言うこともできなかった。廊下で上司を呼び止めて問題を持ち出すと、上司はこう言った。「いま忙しいんだ。見てわかるだろう」。そこで「後でお時間をいただけますか?」と尋ねると、上司はこう答える。「俺だって、もらうべきものをもらってないんだよ」

家庭の問題について考えてみよう。夕食時に、義理の両親が出し抜けに家にやってくる。そこで、「夕方にいらっしゃるなら事前に連絡をいただけますか」と注意するが、気まぐれな訪問は直らない。あなたが対処すべき問題は何だろうか。

食事の用意ができていないという問題は単純だ。だが、義父母は何度も事前に連絡すると約束しては、そのつど約束を破り、あなたはがっかりすることになる。これについて話をするのは大変そうだ。さらに一緒に食事をするように誘ったのに、二人はそれを退け、ふくれっ面で部屋の隅に座ってぶつぶつ不平を言う。まったくどうしたらいいのかわからない。

どちらのケースも、あなたは口を開く前に二つの問題について考える必要がある。一つは「何を話すべきか」、もう一つは「話すべきかどうか」である。まず、何を問題にすべきなのか。絡みあった問題を小さな部品に分解し、そのなかから本当に話したいことを選ぶには、どうしたらいいだろうか。少なくとも、一度に全部話すことはできない。次に、話すべきかどうかを決める。話せば新たな問題を抱えるリスクがある。だが、黙っていても、問題が永久に解決されないというリスクを負うことになる。

この二つの問いについて、順々に考えていこう。まず、「何を話すべきか」という問題を片付け、次に「話すべきかどうか」という問題を考える。

何を話すべきかを決める

「何を話すべきか」という問題は、本書全体を通していちばん重要なポイントだ。複雑に絡みあった問題に直面したとき、そのなかのどの問題に取り組むかを決めることは簡単ではない。

たとえば、娘が初めてのデートで夜中の〇時までに帰ると約束して出て行ったのに、帰宅したのは午前一時だったとする。これは確かに問題だが、では、何について話せばいいのだろうか。「簡単だ。門限に遅れたことに決まっている」と思うかもしれない。それは間違ってはいないが、問題の一部にすぎない。

それ以外の問題としては、「約束を破った」、「親の信頼を裏切った」、「交通事故にでも遭ったのではないかと、親を心配させた」、「家の決まりをわざと無視した」、「親の干渉を嫌ってわざと反抗した」、「先週末に外出を禁止されたことに仕返しした」、「顔に一〇カ所もピアスをしている男と遅くまでいたら父親がカンカンになるのをわかっていて、わざとそうした」などがある。

娘が門限に一時間遅れたことは事実だが、父親にとってはこれが唯一の問題とはかぎらない。これらの問題のなかから父親が間違った問題を選んだとしても、それがうまく解決されたら、自分は適切な行動をとったという印象を持つかもしれない。だが、もしポジティブな逸脱者のやり方に学ぶなら、本当に重要な問題を見つけ出してそれに取り組まないかぎり、問題は消えることはない。本当の問題は何かという問いは、そのまま残るのだ。

間違った問題に取り組んでいるときのサイン

いまの解決策が本当に求めている成果につながらない

正しい問題を選ぶ感覚を身に付けるため、学校の校長たちを対象とした研修プログラムで明らかになった実例を見てみよう。これはある小学校の校長の体験だ。学校の休み時間に、ある教師がこんなやりとりを目にした。マリアとサラという二年生の女の子がジャングルジムで遊んでいた。マリアがサラを急がせようと背中を押すと、サラがこう叫んだ。「触らないで。この汚いメキシコ人！」。マリアはこう言い返した。「ふん、デブのくせに！」。これが問題の発端だ。

校長は子どもたちの親を呼び出して事情を説明し、二人に罰を与えることを告げた。マリアの両親は校長の考えに賛成し、感謝を述べて帰った。ところが、サラの母親は違った。「二人にどんな罰を与えるのですか？」。サラの母親の質問に、校長はそれぞれがやったことに応じて罰を与えると答えた。

翌日、サラの母親が連絡もなしにいきなり現れ、廊下で校長をつかまえて大声で文句を言った。「罰には納得できません。うちの子にはうちで罰を与えます」。校長は学校には学校の方針があると説明し、翌日の昼休みにサラはクラスメートと離れてメディア・ルームで先生と一緒にランチを食べることになった。それが学校の決まりなのだ。ところがサラの母親は、翌日は娘を連れて近くのレストランで一緒に昼食をとると告げてきた。

この話には複数の問題が含まれている。研修でこの一件について聞いた校長たちは、一律に感情的な反応を示した。「解決は簡単だ。地域の風紀委員会に話を持ち込めばいい。だが人種問題が絡んでいるから、その難しい母親が妨害してくるかもしれない」。もちろん、この問題のゴールは母親を懲らしめることではない。では、校長はどうすればよかったのだろうか。

校長たちが落ち着いて議論を始めると、隠れていた問題が浮上した。「いちばんの問題は、母親の干渉だ。他の子にどんな罰を与えるかを聞く権利はない。それはプライベートな話だ」、「いや、もっと大きな問題は、学校から子どもを罰する権利を取り上げようとしたことだ。それは絶対に受け入れられない」、「それに子どもが母親と一緒にランチを食べにいくなんて、これでは罰でなくて賞になってしまう。誰もそんなことは望まない」、「母親が無礼だし、学校を思いどおりにしようとしている。これはまずいね」

ところが、ある教頭が誰もが重要だと考える論点を持ちだした。「問題解決のために親と学校が協力できないことこそが問題ではないでしょうか。私なら、その母親と一緒に問題解決の道筋を探ります。さもなければ、その母親は学校側を敵と見なすようになり、子どももすぐに影響されるでしょう」

この重要な論点が浮上すると、その解決をめぐって議論が始まり、その校長は本当に求められるものが何なのかに気付いた。それは子どもの利益のために親と協力することだ。他の解決策ではその目的を果たせないので、どの関係者も不満がたまるだろう。

覚えておこう。いまの解決策が本当に求めているものをもたらさないのなら、それは間違った問題に取り組んでいる可能性が高いのだ。

同じ問題が繰り返される

学校側を非難する母親にどう対処するか考える前に、他の例を見てみよう。ある町の不動産会社のオーナーの話だ。

「受付の女性社員が毎日のように遅刻してくるのです」と、そのオーナーが切り出した。

「彼女とは話し合ったんですか？」

「ええ、何度も」と、彼は答えた。

「で、どうなりましたか？」

「注意すると数日は時間どおりに来ますが、一週間ほどするとまた遅刻するようになります」

「彼女には何と？」

「遅刻してもらったら困ると、そう言いました」

この状況は、責任ある会話の熟練者と一般人との違いをはっきりと見せつけてくれる好例だ。オーナーは受付の女性に勇気を出して話をした。その点は、沈黙するよりもましだ。だが、そのたびに同じ問題が繰り返されるという事実は、そのやり方のまずさを示している。これは他にも話し合われるべき問題が存在する証拠だ。たとえば、受付の女性が約束を守っていないことや、会社の規則をないがしろにしていることなどだ。

恋はデジャ・ブ

ある人が繰り返し期待を裏切ることがある。責任ある会話の上手な人は、新たな違反が起きるたびにその状況を見直し、真の問題を特定したうえで違反に正面から向き合っている。彼らは、映画『恋はデジャ・ブ Groundhog Day』〔一九九三年製作のアメリカ映画。田舎町の祭りを取材に行った気象予報士が、超常現象によって時間のループにはまり、退屈な祝日を延々と繰り返すことになる』に登場する天気予報士フィル・コナーズのような哀れな人生を繰り返すことはない。約束違反が繰り返されるのは、新たな問題が起きていることを意味している。なのに同じ対応を繰り返していたら、何も変わらないのは当たり前だ。責任ある会話の熟練者は、決して同じことを繰り返さない。相手が初めて遅刻したときは、「彼女は遅刻した」、二回目は「彼女は約束を破った」、三回目は「彼女には罰を与えなくてはならない」などと、それに応じた対応をとっている。

つまり、同じ問題が何度も繰り返されるようなら、別のもっと重要な違反に取り組む必要があるだろう。

ますますイライラする

その不動産会社のオーナーに、こう尋ねてみる。

「彼女の遅刻が気になるので、それを注意するというのはわかります。でも、本当の問題は何でしょうか？」

「よくわかりません。でも、だんだんイライラしてきて。必要以上に気になるんです」

「問題がエスカレートしているので、さらにイライラすると？」

「それは違いますね」。オーナーはためらいがちに答えた。

さらにこう尋ねてみる。「問題の繰り返しに腹が立って、奥さんや他の従業員などに愚痴を言うとき、どう説明していますか？」

するとオーナーの目つきが変わり、興奮気味にこう話し始めた。「私との関係を利用しているのが我慢ならないんです。彼女とはご近所同士で、お世話にもなりました。友人関係でいるかぎり絶対に罰せられないと思っているから、私の言うことを聞かないのです」

これこそが、期待を裏切られたオーナーが向き合うべき問題だった。裏切られるたびにイライラが募ったのは、本当に彼を悩ませている問題に取り組んでいなかったからだ。遅刻は氷山の一角にすぎない。オーナーとの友人関係を利用していることこそが、氷山の本体だったのだ。

正しい問題に向き合う

これらの実例から見るように、違反の本質を見極めるには時間と訓練を要する。時間に追われ、感情も高ぶっているため、多くの人が問題の本質を見失ってしまう。先の攻撃的な母親のケースでも、小学校の教頭が問題を整理するのに二〇分以上かかっている。大半の参加者が、議論の的とすべきなのは学校と親の協力不足についてだということに気付かなかった。多くの人が感情的に反応するばかりで、短気な母親をやり込めようと考えた。率直に言って彼らが同じ状況にあれば、そうしていただろう。

同様に、一〇代の娘が門限を破ると多くの親はそわそわし、時計の針以外に何も見えなくなってしまう。だが、本当の心配の種は、娘がちゃんと家に電話を入れて遅れることを知らせ、親を安心させなかったことにある。ところが、親は自分が何に困っているのか気付かないままだ。

違反を減らすためには、忍耐とバランス感覚、緻密さが求められる。第一に、時間をかけて問題を切り分ける必要がある。ここで結論を急いでしまう人は多い。感情的になって行動に走ってしまうのだ。だが、あわてると慎重に考えられなくなる。第二に、問題点を整理しながら、何がいちばんの悩みの種かを見つけ出さねばならない。それに失敗すると、誤った問題に対応しようとしたり、あまりに多くの問題を抱えてしまうことになる。第三に、簡潔な言い方を心がける。問題点は一言で言い表すべきだ。期待に背いた点についてダラダラと説明しても、真の問題を曖昧にするだけだ。もし会話の前に違反を明確な一言でまとめられないようなら、相手に問題点は理解されず、会話は焦点もぼやけてしまうだろう。

適切な会話に役立つツール

あなたがベストを尽くしても同じ違反が繰り返されると、感情はますます悪化していく。そういう場合はよく考え直してみよう。単純で表面的な、しかし重要でない問題を選んで話してきたことに気付くだろう。取り組むべき問題を間違えていたのだ。どうしたらこの悪習慣から抜け出せるのか。正しい問題を探り当てるには、次のようなツールを使おう。

CPRで考える

CPRとは、内容（content）、パターン（pattern）、関係（relationship）の略語だ。この三つを頭に入れておけば、責任ある会話の際に問題の繰り返しを避けることができる。最初の違反では、その違反の内容（content）について話す。たとえばこうだ。「君、今日の会食は飲み過ぎだ。酔って大声を出したり、クライアントをからかったりして。会社に恥をかかせたんだぞ」というぐあいに、「いま、ここ」で起こった一回きりの問題について話せばいい。

次に違反が起きたときは、何度も繰り返される問題のパターン（pattern）について話す。「これが二回目だ。二度としないと約束したのに。君のことを信頼できなくなりそうだよ」。パターンを指摘することで、その問題が繰り返されており、それが及ぼす影響を説明する。約束違反が何度も続くと相手の行動に期待が持てなくなり、尊敬と信頼も失われることをわからせるのだ。

ここでひとつ、注意点がある。パターンを見逃すと不毛な言い争いになりやすい。たとえば会議の場で、上司があなたの担当案件をいつも後回しにして、うやむやにしてしまうとする。前にもそれを上司には言ったことがある。今回それを再び指摘すると、上司は「議題が山ほどあるから、もっと緊急な問題のために譲ってほしい」と答えた。もしその説明で引き下がるなら、ポイントから外れてしまう。あなたの不満は、今日の会議のこと（内容）ではなく、以前から続いているパターンについてだからだ。パターンは気付かないうちに忍び寄り、そこから新たな問題が生じる。問題を指摘すると、相手は騒ぎ立てたり不機嫌になったりする。会話のなかでそれがひんぱんに起こるようなら、これがパターンの始まりだ。責任ある会話の熟練者はこの行動パターンに目を付けて、話が堂々巡りになるのを防いでいる。

それでも問題が続くようなら、相手との関係（relationship）について話す。関係に関する問題は、内容やパターンよりもはるかに大きい。この問題は、単に相手が繰り返し約束を破ることだけにあるのではない。失望が続いて相手への信頼が崩れたことが問題なのだ。相手の能力を疑い、約束が守られるかどうか心配になる。それがお互いの接し方にも影響を及ぼす。「こんなことで君と一緒にやっていけるのかな。いつも口うるさく文句を言うのも嫌だし。君が約束を守ってくれるのかどうか、信用できなくなりそうだ」というぐあいに。

本当は関係性の問題なのに行動パターンについて話しても、期待する結果は得られない。さらには同じやりとりを繰り返すことにもなる。責任ある会話の途中で持ち上がる、内容、パターン、関係という三つのタイプの問題を理解するために、「結果」と「意図」という二つのファクターを頭に入れておこう。どちらも期待が裏切られた場合に問題を小さく切り分けて、どれを最優先とするのか判断するのに大いに役に立つ。

問題を切り分ける

結果

通常、期待への裏切りが問題になるのは、相手の行動そのものではなく、その結果に問題があるからだ。あなたの会社の専門スタッフがお昼までに財務レポートをつくると約束したとする。ところが彼女は作業時間を見積もり損なって、レポート提出が三時間遅れてしまった。仕事が遅れたこと自体は問題ではない。その結果が問題だ。あなたを実際に困らせるものは何か。そのせいで得意先を失うかもしれない。または、締め切りに遅れるのはこれが三回目で、スタッフを当てにできなくなる。あるいは、仕事の進行チェックで貴重な時間が失われ、スタッフも逐一管理されて窮屈な思いをするかもしれない。最初の行動がもたらしたこれらの結果を分析すれば、問題を切り分けるのに役立つ。

会話の焦点を絞りたいときには、いったん立ち止まって、「自分にとって」、「二人の関係にとって」、「仕事にとって」、「関係者にとって」、それぞれどんな結果をもたらすかを考えよう。結果を分析することで、最も重要な問題が見つかるに違いない。

意図

今度は意図の分析だ。あなたの作成したレポートを、仕事仲間が上手にまとめてくれたとする。ところが彼はそれをあなたに渡す代わりに、直接上司に提出してしまった。彼はなぜそんなことをしたのだろうか。彼は利己的な考えの持ち主で、レポートを自分の手柄にしようとしたのだ――これがあなたの出した結論だ。

この点について、もっと明確にしておこう。これはあなたの単なる思いつきではなく、多くの証拠に基づいている。日ごろの行動を観察して検討した結果、彼が悪意を持っていると結論付けたのだ。だとすれば、彼の行動自体が本質的な問題なのではない。その行動の前に何があったかが、あなたにとっての問題であり、彼の意図こそが話し合うべき点だ。

意図について考えるべき機会は多い。門限を過ぎても戻らない娘にイライラしている父親がいるとする。娘が門限に遅れたのは、外出を禁止されたことへの腹いせだとすれば、イライラの原因は娘が遅くなったことよりも、わざと父親を困らせる娘の意図にある。不動産会社のオーナーが、受付の女性が自分との友人関係をいいことにわざと遅刻していると考えているなら、オーナーが困っている原因は彼女の意図にある。

これらの判断が正しいかどうかは、責任ある会話をして相手に疑念を伝えるまではわからない。もちろん、このような微妙な問題に取り組むことは簡単ではない。なぜなら、他人の目には見えない相手の意図を問題にしているからだ（後でよくある例を取り上げて説明する）。にもかかわらず、彼らの悩みの原因が相手の隠れた意図にあるかぎり、それについて話し合う必要がある。

優先順位を決める

何を望み、何を望まないかを考える

期待が裏切られたことを分析して、結果と意図を探りながら問題を分割していくと、分割された問題点が多くなりすぎて、どこから手を付けたらいいかわからなくなることもある。「本当の」問題、最も重要なものは何だろうか。

多くの約束違反のなかから最も重要なものを選び出す一番よい方法は、あなた自身が何を望んでいて、何を望まないかを自問することだ。相手と話し合おうとするなら、あなたは自分と相手と両者の関係のために、何を望むのかを考える必要がある。この重要な三つの点のうちどれか一点でも見落とせば、最も重要な問題を解決することはできない。

二人の小学生のケースに戻れば、ほとんどの人はサラの母親に対して何を言うべきか考えることだろう。そして誰かから「では、サラには何を望むのか、何を望まないのか」と聞かれて、初めて気付くことになる。あなたはサラに罰を与えたいのであって、母親と争ったりサラの教育の機会を制限したりすることが目的ではない。母親の責任を問うためにサラを転校させようとも思わないはずだ。

少なくともあなたは、サラの行動の責任を問いたいと考えている。それ以外の選択は、問題行動に対して暗黙の承認を与えることになる。一方、サラの母親との関係について言うなら、サラに適切な罰を与えるために協力する必要がある。サラに対して矛盾するメッセージを与えたくないからだ。だとすれば、あなたはサラの母親と話すべきことはこういうことだ。「お母さんと学校が罰の内容で言い争いをすると、サラに間違ったメッセージを与える恐れがあります」

どの問題に取り組むかを決めるには、次のことに注意しよう。

- ＣＰＲ（内容、パターン、関係）を考える。
- 結果と意図を考慮し、問題をリストアップする。
- 自分のために、相手のために、関係のために、何を望み、何を望まないかを考えながら、問題のリストから取り組むべきことを選び出す。

応用問題

では、以上の話を実際のケースに当てはめてみよう。あなたに二人の小学生の子どもがいるとしよう。近所の友達に誘われて、ドライブインシアターに映画を見にいくことになった。あなたは子どもたちにポップコーンを持たせて、遅くなってもかまわないと告げる。子どもたちは大はしゃぎだ。そこへ友達の親がピックアップトラックで迎えに来る。友達二人は荷台に乗っており、あなたの子どもたちもそこに飛び乗る。だが、あなたの家のルールでは、ピックアップトラックの荷台に乗らないことになっている。とくにドライブインシアターへはハイウェイを経由するから、かなりのスピードを出すはずだ。あなたの妻も安全には気を遣う方だ。

そんな懸念を示すと、友達の両親はあなたのことを「口うるさい」とか「心配性だ」などと言う。それに答える前にあなたの妻が横から割って入り、運転席の父親に「気を付けて行ってくださいね」と言って、その場を取り繕ってしまう。父親は「心配ないよ」と言い残して、キャッキャと歓声を上げる子どもたちを載せたまま車を発進させる。

はらわたが煮えくりかえったあなたは、妻に何と言うだろうか。まずは危険について言いたくなるだろう。だが、もう船は夕闇のなかへと出てしまったのだ。後で子どもたちが帰ってきたときに、あらためてこの問題を持ちだして荷台に乗る危険について注意することにして、いまは妻が周りの空気に押されて家のルールを二の次にしたことについて話すべきだ。しかも、前にも同じことがあった。とすると、これは安全の問題ではなく、家のルールを取り下げるという新たな問題であり、パターンの問題でもある。しかし、あなたが最も怒っているのは、子どもの安全を話題にしているときに妻がそれをさえぎったという事実だ。妻にとって子どもの安全よりも世間体の方が大切なのだろうか。それはばかげた考えだと、あなたは思う。

この問題について考えるには、自分が何を望み、何を望まないかを自問しよう。あなたは子どもの安全を望んでいる。これは当たり前だ。あらためて言うならば、これは家族全員で話し合うべきことだ。途中でさえぎられたり話をそらされたりすることなく、自分の懸念について話をしたい。また、妻もあなたを攻撃せずにこの話に加わってほしい。これがあなたの望むことだ。一方、話し合いがけんかに発展するようなことは望まない。そして妻との関係についていえば、安全の問題について統一戦線を組みたいと考えている。ここで本当の問題点に突き当たる。あなたが気にかけているのは、妻が無意識にこうした重要な決定からあなたの意思を排除してしまうことだ。つまり真の問題は、妻が二人の合意をないがしろにして、勝手に誰かと物事を取り決めてしまう点にある。

そこであなたは、一方の賛同なしに（とくに安全などの重要な問題で）物事を決めてしまう件について話し合うことにする。外部の圧力を前に、つねに結束する方法を見つけるのだ。ましてや安全問題は重要であり、例外ではありえない。

話すべきかどうかを決める

では、次の問題に移ろう。このことを話すべきかどうかだ。違反について問題を分割して、最も気になる問題を見つけ出した。そして、それを単純明快な言葉にまとめ上げ、会話の準備は完了した。では、妻と責任ある会話をするべきかどうか。話し合いたい問題を見つけただけでは、それを話すべきだということを意味しない。話す前に、話し合った場合の結果を考えた方がいいケースもある。

たとえば、高校生の息子が頭をモヒカン刈りにして帰ってきたとしよう。息子は気に入っているが、あなたは気に入らない。息子にとっては流行の髪型をしただけだが、あなたは反抗のしるしと受け止める。頭ごなしに叱りつけるか、それとも譲歩するか。おそらくあなたは若者の流行の髪型を知らないだろう。説教して無理やり髪型を変えさせることは、親子の断絶を広げることにしかならない。そんな場合は、何も言わずに心を広く持った方がよさそうだ。

仕事の例で考えてみよう。会議でいつもけんか腰の上司がいるとする。部下が意見を言うと、うんざりした顔で「くだらない」とか「甘い」などと決めつけては、声を荒げて批判する。さらに相手の話を途中でさえぎり、ことごとく反対する。そんな態度をあなたは苦にしていたが、少なくとも上司が立場をはっきりさせている点は評価して、これまで何も言わないできた。ところが今日の会議で、上司はあなたの会社への忠誠度に疑問を呈して、みんなの前で侮辱した。これは一線を超えている。ついに堪忍袋の緒が切れたあなたは、何か言うべきかもしれないと考える。

これらのケースからわかるように、ある問題がささいなことか重大なことか、それにどう対応すべきかを一律に決める単純なルールは存在しない。約束違反があれば、ふつうはそれを問題にせざるを得ないが、例外的なケースはある。では、そのルールは何だろうか。

約束違反が明らかな場合

企業では、報告書、達成目標、業績指標、品質スコアカード、予算差異など、測定の基準がたくさんあって、期待と結果の違いが一目でわかるようになっている。約束違反があれば、当然に説明責任を問うための話し合いが持たれることになる。業務のパターンも決まっているので、責任ある会話を行うのも難しくない。

家庭でも、家族で夕食に行く約束をすっぽかしたり、配偶者の誕生日を忘れたり、単純に相手の責任を問えるケースはある。問題のパターンが決まっているから、話し合いは簡単だ。

約束違反が不明確な場合

だが、もっと曖昧なケースや、争いごとに巻き込まれかねない場合もある。約束違反の事実がはっきりしなかったり、問題を取り上げると相手との関係が壊れたり、さらには仕事を失ったりという困った事態もあるかもしれない。

こういったケースで、違反について話をすべきかどうか、どのように判断すればいいのだろうか。

この重要な問いに答えるため、二つのケースに分けて考えてみよう。ひとつは、約束違反を問題にすべきなのに沈黙しているケース。もうひとつは、問題にすべきでないことを問題にしてしまうケースだ。それぞれ、どうすれば自分の対応の誤りを知ることができるのだろうか。

問題にすべきなのに沈黙しているケース

簡単に前置きしておくと、行列への割り込みの実験などからわかるように、人はしばしば話をすべきときに沈黙を選ぶ。もちろん話すタイミングや方法を間違える場合もあるが、企業でも家庭でもそのような誤りは一般的ではない。問題があるのに沈黙してしまうことの方が重要だ。

問題にすべきときに沈黙しているかどうかを診断するには、次の四つの質問に答えてみるといい。

- 本心が顔や態度に出ていないか？
- 良心がとがめないか？
- 話し合うより沈黙した方が安全だと思っていないか？
- 自分は無力だと思っていないか？

本心が顔や態度に出ていないか?

あなたは職場で無責任な行為を見つけたとする。技術サポートチームのメンバー数人が午前八時から午後五時という勤務時間を守らず、勝手にフレックスタイムで働いているのだ。しばしば遅刻してきて、終業時間の後まで居残っている。決められた仕事時間を守らない彼らにあなたはイライラしていたが、結局この問題にこだわるのはよそうと決めた。いちおう働いている時間は変わらないし、波風を立てない方がいいと考えたのだ。しかし、決まりを守らない彼らが特別扱いされているようで、黙ってはいても腹の虫が治まらない。

このような場合、沈黙は役に立たない。違反に対するいら立ちを隠し通せるほど、あなたは芝居がうまくない。抑えつけた感情は、必ず不健全なかたちで表面化する。口で言わなくても、態度に出てしまうのだ。

俳優のジョン・ラモッタのケースからも、そのことはわかる。我々のつくった研修用ビデオに、ジョンをマネジャー役として起用した。ところがリハーサルをしてみると、彼の演技が出だしからずいぶんとオーバーなのだ。「もっと話し方をやわらげて」とか、「怒りを抑えるように」と指示しても、相手を見下すような態度で接し続けた。後で知ったのだが、彼は共演者を「仕事のできないばか」だと見なしていた。そのためジョンは台本から外れることはなかったものの、否定的な思い込みが、声を荒げたり、嘲笑したり、拳を振り上げたりといった態度に表れてしまったのだった。結局、「共演者は有能で誰からも好かれている人物だ」と監督から告げられると、ジョンはやっと役回りに忠実になった。彼は自分の気持ちを変えるまで、演技を変えることができなかったわけだ。

表情と感情の関係を三〇年にわたって調べてきたポール・エクマン[1]も、同様な結論を述べている。感情を隠したり他の感情を装ったりしても、本物の感情を表すのに使うときとは別の筋肉が動いてしまうことを、エクマンは発見した。たとえば喜びの笑顔は本来、目の周囲にある筋肉の動きを伴うが、作り笑いやお愛想の笑顔は目の筋肉が動かない。見る者にはそれがわかるため、本物の感情を隠すことはできないのだ。

また、期待が破られて気を悪くしているのに沈黙を守るとき、その感情は表情だけではなく、ジェスチャーや皮肉、ユーモアの減少、かみ合わない会話などとして現れる。たとえば、母親と二九歳の失業中の息子が一緒にディナーをとっているとする。息子が母親に、「あごにラザニアがついているよ」と教えると、母親はこう答える。「あら、そう。私があなたの年だったときには、仕事を二つもかけもちしていたわ」。母親が何を思い悩んでいるかがわかるだろう。

このように、あなたが沈黙を選んでも、ボディーランゲージで敵意を表したり、それとなくほのめかしたり、皮肉を口にしてしまうことになる。だったら、むしろ話をした方がいい。

何を期待しているのか？

なぜ人は問題に向き合わず、自然に解決されることを期待するのだろうか。それはまるで冷蔵庫のなかに異臭のするチーズを見つけて、それを二日ほどキッチンカウンターに放置し、こう考えるようなものだ。「そろそろおいしくなったかな」

良心がとがめないか？

相手の責任をうやむやにするのは、孤独を感じるせいだ。問題があるのはわかっているが、それを気にしているのは自分だけではないかと恐れるからだ。誰も心配しているそぶりはない。「どうしよう。病院の同僚たちは、誰も丁寧に手洗いしていないようだけど」「どうして仲間の会計士たちは、大手クライアントの抜け道を手助けするのか」「近所の人たちは、子どもがトラックの荷台に乗ることを危険だと思わないのか」。あなたは心配したり良心がとがめたりするが、結局は沈黙してしまう。

序章で述べたように、人が最良の判断に背いて沈黙してしまう現象は広く見られる。行列の割り込み実験だけでなく、ソロモン・アッシュ[2]は、人は周囲と自分の見解が違うとわかると、沈黙するばかりか対立を避けるために嘘をつくことを明らかにした。スタンレー・ミルグラム[3]の実験によれば、人は権威ある人物に命じられると嘘をつく以上のことまでする。被験者は白衣を着た研究者に抵抗するよりも、言われるままに見知らぬ人に対して致死的レベルの電気ショックを与える方を選ぶ。
周囲のプレッシャーに権威者の存在が加わると、人は最良の判断に逆らって行動するようになる。当然、それは責任ある対話にも影響を与える。世間のプレッシャーで人に嘘をつかせることができるなら、黙らせるくらい朝飯前だ。あなたの良心がとがめていないか、注意してみよう。それは会話の必要性を示しているのかもしれない。

沈黙していて良心がとがめるなら、それは話をするべき合図かも知れない。

話し合うより沈黙した方が安全だと思っていないか？

話し合いをするかどうか決めるとき、自分をごまかして頭のなかで計算間違いをさせることもある。話し合いをすることのリスクよりも、いまの状況（それがいかに大変なことでも）に我慢する方が安全に思えてしまうのだ。せっかくの機会なのに悪魔の誘いに乗って、話し合いよりも沈黙に甘んじてしまう。この危険な心理は、次のような仕組みで起こる。
話し合いをすべきかどうか考えるとき、しばしば最初に思い浮かべるのは手痛い失敗の経験だ。そこで沈黙することを選ぶ。それから沈黙を正当化する理由を探し求める。この合理化の手順はこうだ。まず自分に「この話し合いはうまくいくだろうか」と問う。「話し合いをすべきだろうか」ではなく、「うまくいくだろうか」と問うのである。この最初の質問の答えがノーであれば、話し合いはしない。

責任ある会話の熟練者は逆のアプローチをとる。彼らはまず話し合いをすることを決めてから、自分にこう問いかける。「この問題にどう向き合うべきか。どうすればいい結果が得られるのか」。この順序を逆にして、話をすべきかどうかより先に、できるかどうかを問うと、自分の気持ちをねじ曲げてしまうことになる。沈黙を選び、何もしないことを正当化してしまうのだ。

沈黙を選ぶ際の、よくある二つの計算トリックは、(1)沈黙した場合のコストを低く見積もり、(2)話し合いをした場合のコストを誇張することだ。

沈黙のコストを低く見積もっていないか?

現状に甘んじるコストを低く見積もる手段はこうだ。第一に、いまの時点で起きていることだけを見て、トータルの影響を見ない。たとえば、ある教授の授業が退屈で、時代遅れ。さらに学生をえこひいきする。だが、波風は立てたくはないから沈黙する。自分たちさえ切り抜ければいい。今後二〇年にわたり教授から教わる数千人の学生たちのことはどうでもいい、というわけだ。

第二に、いま置かれている状況に慣れてしまい、状況の深刻さを過小評価することだ。不幸な状況に長く置かれていると、それが当たり前で、受け入れるべきことのように思えてくるのだ。ワンマンな上司に使われていたり、家庭内暴力をふるう配偶者と暮らしていたり、自分をばかにする同僚と働いていたりすると、世の中とはこういうものだと考えるようになってしまう。

第三に、前にも述べたが、沈黙していると自分自身の不適切な行動が見えなくなる。たとえば、口うるさい上司の下でじっと耐えていると思っていても、実際には上司から細かいことで指摘されると反抗的な態度に出るものだ。上司が口出しすると言葉を途中でさえぎり、「仕事のやり方なら知っています」と言い返したりもする。そしてふてくされながら自分のやり方を選ぶ。だが、そのようなやり方は自分の評判を下げることになる。沈黙のコストを軽く見積もるにとどまらず、コストをまったく見落としているとも言える。

話し合うコストを誇張していないか？

次に、話し合いをした場合のコストを高く見積もりすぎる傾向について見てみよう。人間は自分の身の上に降りかかるかもしれない最悪の事態を想像することにかけては、紛れもなく天才だ。実際、話し合うことによって何が起こるかを考えるとき、しばしば決して起こりそうにない最悪の結果を想像して、それにとらわれてしまう。恐ろしい一連の出来事を頭のなかででっち上げるとき、とにかく悪い方へ悪い方へと考えるのだ。たとえばこんなぐあいだ。

自分が顔も知らない副社長へのプレゼントを買うために、上司が一人二〇ドルずつ出し合うように求めてきた。それは確実に起きる悪い出来事であり、誰も望んでいない。だが、自分がそれについて上司に話をしたところで、議論には勝てないだろう。その上、金は出さねばならず、上司からは軽蔑され、仕事をクビになり、妻には離婚されてしまうだろう。

自分の身に何か恐ろしいことが降りかかるかもしれないと思い込むと、人間はあらゆる現実感覚を失ってしまう。起こりうる結果の重大さに目がくらんで、それがほとんどありえないことだということを忘れてしまうのだ。可能性が非常に低くても、予想される結果が非常に悪い場合、人はそれが起こりうる可能性を実際よりもずっと高く見積もってしまう。

おそらく、話し合いのコストを誇張するという最大の間違いは、自分の本心を不用意に打ち明けるような人は罰せられるに違いないという、誤った思い込みから来ている。これまで正直に本心を話した人が罰せられるところを見てきたため、それ以外の可能性を想像できなくなっているのだ。実際、著者グループがフォーラムで本書の目的を「どれほど相手が短気で社会的に影響力のある人であっても、話し合ってよい結果を導く方法を教えることだ」と説明すると、それを聞いた人は自身がだまされているように思ったらしい。「カボチャの馬車から振り落とされても、正直に勇気を持って御者に文句を言えとでもいうのかね。御者は手にムチを持っていて、それで打たれないともかぎらないのに」というわけだ。

当初、我々は不思議に思っていた。広く認められた話し合いのスキルが、ある状況ではなぜうまくいかないだろうか。そこで、機会あるたびにこんな質問をすることにした。「あなたの会社では、ある人物や特定の問題について話をしても、まったく不利益を被らない人はいませんか?」。すると、何人かの人たちは少し気まずい沈黙の後で、別に地位があるわけでも自由にものが言える立場でもないのに、自由にものを言って、しかも問題にされない人の名前を挙げるのだった。

これまであなたが沈黙してきて、その後ろめたさを振り払うのに必死なら、あなたは意図的に沈黙のコストを最小化し、話し合いのリスクを誇張しているのではないかと、胸に手を当てて考えてみよう。話をしたくないという願望が先立ってそれを正当化しているのか、あるいは慎重に考えた末に沈黙を選んだのか。その違いに気付けば、話し合いをすべきかどうかをもっと適切に決めることができるだろう。

自分は無力だと思っていないか

現状に困っているのに沈黙を選ぶのは、その根底に「どうせ何を言っても効果がない」という恐れが横たわっていることが多い。問題が解決されないのは相手や状況のせいなのだから、自分が頑張ってもしかたないと思っているわけだ。「あいつと話をしてみろよ。どうかしてるぜ！」「彼女は仕事のことを何も知らないんだ。それを役員に言ってみたところで、無駄だろうけどね」。つまり、自分ではなく相手が悪いから、というわけだ。

実際には、責任ある会話が失敗するのは、相手が悪くて間違っているせいではない。問題の扱い方が間違っているからだ。約束違反について話をしようとすると、相手をそれとなく非難する。それで相手はカッとなり、熱い戦いが始まる。お互いに相手がカッとなっていると思っているが、そもそも最初に自分が話し方を間違えて問題をエスカレートさせたことを無視しているのだ。

これではまるで子どものけんかである。お互いに自分の非を認めず、「この子が最初に手を出したんだよ」と母親に訴えているようなものだ。

自分の会話スキルが不十分だと認めていても、すでに自分の能力の限界に達したかのように考えている人も多い。もうピークに達したのだ、これ以上よくなることはない――そう思うのは、社会的な影響力について学習していないからだ。学校では複雑な人間関係の観察よりも、ヨーロッパ各国の首都を覚えるのに時間をかけている。会話スキルは学習によって向上させられるものだとは思われていない。だが、本書を読めばわかるが、会話スキルを学んで改善させることは可能だ。

あなたが沈黙してきたのは、責任ある会話のスキルに自信がなかったからだろうか。そのような判断で沈黙を選んできたのなら、もう悩む必要はない。スキルを向上させればいいだけの話だ。会話することを恐れて、判断を曇らせてはならない。あるいは、あなたは問題に取り組むスキルを持っているのに、ただ恐れのせいで沈黙しているのかもしれない。沈黙することを選択していたら、自分にこう問いかけてみよう。これは理性的な判断なのか。ただ責任から逃れているのではないか、と。

サインを見分けよう

自分がその場しのぎで沈黙を選んでいるのかどうかを見分けるポイントをまとめてみた。それぞれどう対応すべきか考えてみよう。次の四つのサインに心当たりがあるなら、黙っていないで話をした方がいい。

• サイン1　隠したつもりの感情が表に出ていないだろうか。黙って我慢しているつもりでも、感情は隠し通せない。この点に気付くためには、こう自問してみよう。「自分は本当に寛容なのか。それとも、実は怒っていて、外に向けて不健全なシグナルを発しているのではないか。誰かに突っかかっていないか。もしそうなら、ただ黙って我慢しているのではなく、感情を表に出して事態を悪化させているだけだ。無言のジェスチャーが自分の気持ちを代弁しているのだ。こんなときには会話することを選ぶべきだ。

・サイン2　良心がとがめていないか。黙っていた方がいいと自分に言い聞かせ、周囲も見て見ぬ振りをしているが、あなたは心のなかで何か言うべきだと思っている。その心の声に耳を傾けよう。あなたの良心が、沈黙を破って自分から問題に取り組むようにと告げているのなら、それに従って行動しよう。

・サイン3　黙っていることのコストを軽く見積もる一方（問題に目をつぶっているわけだ）、話をすることの危険を誇張していないだろうか。責任ある会話をするのは骨が折れると思って、できるだけ距離をとろうとしているのではないか。会話することの困難と、会話すべきかどうかという問題を、混同してはならない。

・サイン4　自分は無力だと思っていないか。「この人に話をしても仕方がない」とか、「すでに自分は十分に責任を果たした」などと思っていないだろうか。実は、相手に耳を貸す姿勢がないからというより、自分自身が問題にどう取り組んだらいいかわからないという場合が多い。困難な問題に立ち向かって解決した人々のケースは少なくない。彼らは何を、どのように話したらいいかを知っていたからだ。スキルをわずかでも向上させれば、沈黙を選ぶことも減り、ずっと多くの成功を手に入れることができるだろう。

問題にすべきでないことを問題にしてしまうケース

次に、話すべきかどうかをめぐるもう一つのケースを見てみよう。後で考えてみれば、そもそも問題にすべきでない問題に取り組んでいる場合がある。これは先のケースと矛盾するように見えるかもしれないが、そうではない。確かに問題にしない方がいいこと、少なくとも事前準備が済むまでは手を付けるべきでないことがあるのだ。

話をするという方に結論が傾いたとしても、なお沈黙しておくという選択肢を残しておく方がいい場合もしばしばある。たとえば、あるベンダーとのあいだでトラブルがあり、その経緯もはっきりしているとする。だが、それが一回きりのプロジェクトで、そのベンダーと会うことはおそらくない場合、もう二度と起こらない問題のために話を蒸し返すことは避けた方がいいかもしれない。

ここがいちばん難しいところだ。問題を解決するには、世間との関わりを無視することはできないからだ。どの会社や家庭でも過去のいきさつがあり、解決すべき問題と見逃していい問題もそれぞれ違う。期待、契約、決まり、方針、約束も、どこでも同じ拘束力を持つわけではない。約束違反の責任をあまり問われない、あるいは説明責任自体が求められない組織もある。

自分の基準が他の人たちとは違う場合

責任問題を追及する姿勢が一貫しないのは、リーダーがしばしば最も安易な方法を選ぶからだ。部下の責任を追及することは、楽しい仕事ではない。一方、リーダーに対してそれを進言する者もいない。問題に気付いていても、みんな忙しく働いているのだからという理由で、追及の手がゆるんでしまうケースもある。

原因が何にせよ、これまでの大ざっぱなやり方を変えて、規則を厳格化しようとするなら、実施前にそのことを警告し、周知徹底させておくべきだ。全員の期待値をリセットし、独りよがりだと思われないようにしよう。

たとえば、著者グループのひとりであるケリーは、かつてカリフォルニアの沿岸警備隊訓練所の当直将校に任命され、真新しい制服に身を包んで歩哨の業務を担当したことがある。

歩哨の当直は二四人のメンバーからなり、基地の監視所に一晩中詰めていなくてはならない。兵舎や車両待機所、船舶係留施設などに待機して、火災などに備えて見張りに立つ。ケリーは将校研修を受けたとき、歩哨が持ち場を離れる際には代わりの者を見張りに立てなければならないと学んだ。

ところが、数人のメンバーが勤務中に持ち場を離れて、将校クラブで仲間たちと雑談に興じていたとの噂を耳にして驚いた。しかし幸いなことに、ケリーがクラブに踏み込んで彼らを現行犯逮捕してとっちめるより前に、先輩の下士官が彼を呼び寄せ、そっと耳打ちして二つのことを教えてくれた。一つは、当直中に多くの歩哨がクラブに出入りしているが、誰もそれを気にかけないこと。もう一つは、ケリーの将校仲間たちもクラブでおしゃべりやダーツに興じており、当直が持ち場を離れている事実に目をつぶっていることだ。もしケリーが声を挙げても、その正義漢ぶりを褒めたたえる者は誰ひとりいなかっただろう。

では、彼はどうすればよかったのか。ルールがあるのに守られていない状態は、好ましいとは思えない。さらに彼は、問題を上に報告する立場にあった。だが、他の上官たちがずっと目をつぶってきた問題を、ここで新入りのケリーが抜き打ちで違反を告発したら、アンフェアに思われるだけだろう。正義の味方であることと、多数から支持されることとは別のことだ。

そこでケリーは上官に助言を求め、次のような取り組みをすることにした。急いで警告することは控える（そうしたところで誰も聞かないし、気にも留めないだろう）。そのかわり、ひとつの妥協案を考えた。彼は多様な意見があることは尊重しながらも、当直に持ち場を離れてほしくはなかった。自分が当直のときには、監視所に見張りがいるかどうかをチェックすることにした。同時に一〇人以上のオピニオン・リーダーに彼の考えを伝え、それを広めてもらった。不意打ちを食らわせないようにしたのだ。すると、ケリーの当直の日には誰も持ち場を離れなくなり、問題は解決した。

周囲がみな沈黙しているときに、あなたが問題を指摘したいなら、あるいは、いま多くの人が従っているルールと違うルールに従わせたいなら、それを周知徹底する必要がある。ただし、その前に警告を与え、自分の考えは他の人たちと違うのだと、はっきりさせなくてはいけない。これはとりわけ新任のリーダーや連れ子のいる再婚家庭などでは有効なアドバイスとなるだろう。

周囲を侮辱してはならない

著者グループは長年にわたり数千人のリーダーに会ってきた。彼らはしばしば、自分は決然と従業員に向かい合い、品質管理や安全基準、経費削減を求めてきたと胸を張った。確かに、品質の問題や経費の無駄遣いを黙って見過ごしているリーダーもいるだろう。あるいは従業員に反抗のきざしが見えたら尻込みして現状維持に甘んじる経営者もいるだろう。

だが、しだいにわかってきたことがある。自分の価値観を守るのは立派だが、もしそれを鼻にかけて周囲を侮辱するのであれば（相手のルーズなところをからかったり、自分の責任感の強さを鼻にかけたり）、それは自分の価値観で誰かを断罪し、チームワークを壊す行為に他ならない。家庭でも同じことだ。もっともらしく新しい決まりをつくっても、一方の親があまり気の利かない配偶者をばかにすれば、子どもの心理に悪影響を与えるだろう。両親の意見が食い違えば、家庭に不安感をもたらすものだ。

配偶者や同僚よりも厳格な基準を設けたいなら、独善的にならないよう気を付けよう。新しい期待値を示すときには、考え方の違いを尊重する姿勢を見せるべきだ。これは、あなたが多様性に対してどれほど寛容かを測るテストでもある。他人に対してあなたほど厳格でない人は、野蛮で優柔不断な臆病者なのではなく、ただあなたとは違うにすぎない。「他の人はどうあれ、私はあなたにこうしてほしい」と言うのと、「腰抜けの負け犬がどう言おうが自分には関係ない」と言うのとでは、天と地の違いがある。

【この章のまとめ】

話の内容と、それを言うべきかどうかを決める

最初に「自己の改善」の原則から始めよう。相手と話をする前に、まず責任をめぐってどんな話をするのか、そして話すべきかどうかを頭のなかで考える。

何を話すのか、そして話すべきかどうか

・**何を話すか**　相手が初めて期待を裏切ったとき、その行動の「内容」について話をする。もし期待に背く行為が続いたら、その行動の「パターン」について話す。行動の影響があなたと相手の関係に及ぶなら、「関係」について話をする。どのレベルを問題にするかは、行動の後に起こること（結果）と、相手がそのように行動する理由（意図）について考えてみる。問題行動のリストのうち、自分のため、相手のため、二人の関係のために、あなたが何を望み、何を望んでいないのかを自分に問いかけて、問題の核心をつかむ。

・**話すべきか**　沈黙を選択していることが間違っていないかどうかを知るために、次の四つの問いについて考える。「本心が顔や態度に出ていないか？」「良心がとがめないか？」「話し合うより沈黙した方が安全だと思っていないか？」「自分は無力だと思っていないか？」。話をすることが間違っていないかどうかを知るために、周囲が自分の味方をしてくれるかどうか考えよう。もし周囲が沈黙しているのに、話をすることを選ぶなら、自分は周囲とは違う基準を持っていることをはっきりさせておこう。

次章では……

責任ある会話をすると決めたら、自分にその心構えがあるかどうかを確認しよう。まず必要なのは自己の改善だ。だが、これはとくに相手に失望しているときには簡単ではない。どうしても相手を非難してしまうことが多い。「あいつは何をやっているんだ」と思ってしまうのだ。そこで話を始める前に、実際に起きていることを把握するための全体的なストーリーを組み立ててみよう。そうすれば健全な会話が可能になる。次章ではこれについて扱うことにしよう。

2

正しいストーリーを創る
——話を始める前に頭を整理する

知ってるか？　自分より遅い奴は間抜けで、自分より早い奴は変わり者なんだ。
——ジョージ・カーリン

責任ある会話を試みたことのある人なら、最初の数秒の言葉のやりとりでその後のすべてが決まることを知っているだろう。その場の空気をつくるのは、最初の一言か二言だ。もし雲行きが怪しくなれば、それをひっくり返すことは難しい。初めにつまずくと、終わりも最悪なものになる。

これが難しいのは、相手が約束を破ったり不適切な行動をしたときには、その場の雰囲気をどうつくるかなどという考えはすっ飛んでしまうことが多いからだ。いま起きたばかりの問題に完全に気をとられてしまう。意識的に間をおかないと、感情にすべてを支配されてしまうのだ。次の例を見てみよう。

技術屋をつるし上げろ！

あなたが多忙でストレスのたまるマネジメント・チームの一員だとしよう。広いテーブルを囲んで、開発プロジェクトの進捗状況をめぐる会議の最中だ。そこへ電話のベルが鳴る。受話器をとった品質管理マネジャーが何やら激しいやりとりをしてから、ガチャンと電話を切る。

「最終の組み立て作業でトラブル発生だって。完成したばかりのソフトに手を焼いているそうよ」。マネジャーが慌てふためいた口調で告げた。

「参ったな。ソフトにバグか！」。開発担当副社長が叫ぶ。

それを皮切りに、経営陣は口々に「ソフトの検査チームがいいかげんだからだ」、「彼らは自分勝手なんだ」、「変人の集まり」などと非難した。そしてチーム・メンバーはいっせいに立ち上がり、ソフト検査部へと向かった。このチームに来てまだ一カ月のあなたは、何が起きているのかわからない。

廊下を早足で歩きながら、オペレーション・マネジャーが説明をしてくれる。ソフトは最終工程に送る前に二回にわたってテストする。さもなければ、問題が起きたときに大きな損失につながるからだ。

「あの技術屋のやつら、簡単なテストもできないのか。事前にバグを見つけておけば、ソフトを最終工程に送らないですんだのに。プロジェクトの遅れで大損害だ」

「なぜテストをしなかったんでしょうか?」と、あなたは尋ねる。

「いまからそれを確かめるんだ」と上級副社長が額に青筋を立てて答える。役員たちが廊下を突進していく様は、まるで自警団の群れだ。「これはえらいことになりそうだ」とあなたは心のなかで思う。

避けられない惨事

どうやら経営陣と検査部のメンバーとのあいだには、何らかの確執がありそうだ。経営陣は相手のミスにつけ込んで厳しく責め立てるつもりなのだろう。もっとも、実際の企業ではこれほど熱い場面は見られないかもしれない。もっと紳士的な物腰で、それとなく脅しをかけるだろう（冷ややかな視線、皮肉、辛辣なユーモアなどで、より遠まわしに脅すのだ）。だが結果は同じことだ。従業員が約束を果たせなかった場合、上司はその原因を即断して厳しく非難する。

この種の責任ある対話で興味深いことは、根本原因はどうでもいいという点だ。自分の正しさを疑わないリーダーが怒りに任せて行動すると、根本原因が何であれ、関係者の意思疎通は困難になる。

役員たちはさらに集団リンチでも始めるような勢いで責め立てる。無料ゲームのダウンロード・サイトをチェックしていたプログラマーを捕まえると、後は予想どおりの展開だ。検査部メンバーを怒鳴りつけ、名前をいちいち呼びつけては罰を与えると言って脅し、かんしゃくを爆発させた。

そこへＩＴ担当マネジャーが現れた。彼は自分が担当する検査部で何が起きているかを聞きつけると、部下を守るために反撃を開始した。状況は一転し、本格的な怒鳴り合いが始まる。ＩＴマネジャーは、他の役員たちがプログラマーにぬれぎぬを着せて侮辱したことを非難する。

だが、役員たちの怒りは収まらない。なにしろ、プログラマーたちがさぼっているところを現行犯で見つけたのだから。まったくひどい有様だ。その上、その仲間のＩＴ担当マネジャーは厚かましくも経営陣を指弾している。世界がひっくり返ってしまったのか――。事件は収束するまでに数日を要し、関係者全員がばつの悪い思いをすることになった。

図表2-1

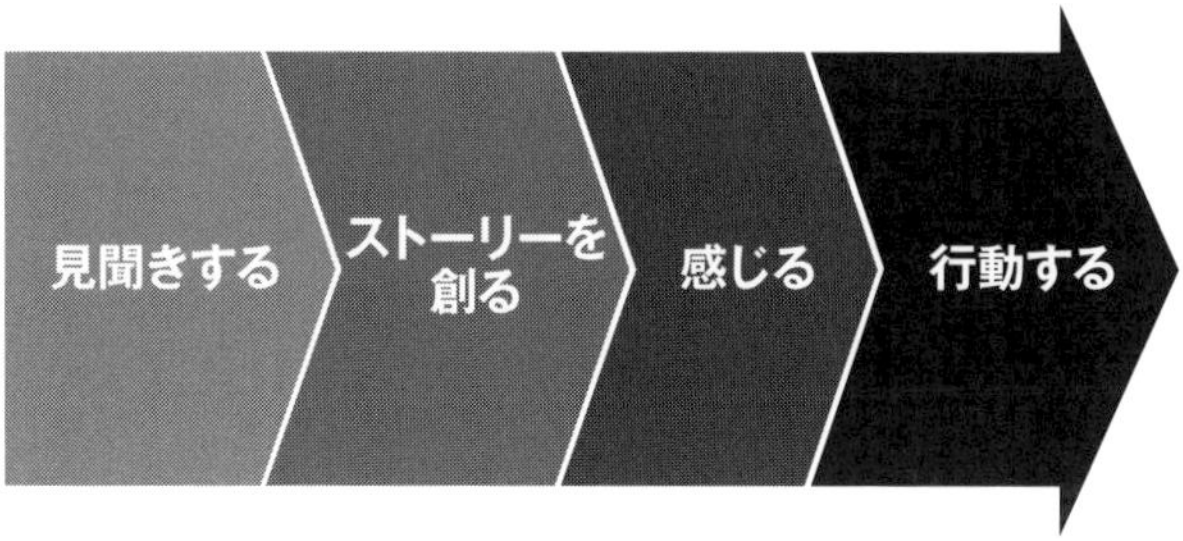

危険な出だし

責任ある会話の最初の三〇秒間を、我々は「危険な出だし」と呼んでいる。話し合いの雰囲気や結果が、この短い時間に決まることが多いからだ。出だしで雰囲気が決まるというよりも、その短い瞬間に雰囲気が目に見えるようになると言った方がいいだろう。人は相手が悪いと思って腹を立て、自分の方が正しいと考えた瞬間からその雰囲気をつくる。そして、ほんの一瞬で責任ある会話を間違った方向に向かわせる。それはすべて自分の頭のなかで起こることだ。その流れを図にしてみよう（上図）。

相手が約束違反を犯した結果、あなたは行動を起こす。そのプロセスはこうだ。まず相手の行動を見て、なぜ相手がそのような行動をとったのか自分の頭のなかでストーリーを組み立てる。それが感情をかき立て、行動へと結び付く。もしストーリーが好ましくなく、怒りの感情を伴うと、アドレナリンが分泌される。アドレナリンの影響を受けて脳の血液が筋肉へと流れ出し、遺伝的に組み込まれた「闘争・逃走反応」をサポートする。そして我々の思考は爬虫類〔reptile〕脳に支配される。すると愚かな言動をとってしまうのだ。

このような状況で下した決定は、最低のものとなる。たとえば長期出張から帰った男性が、妻を抱きたいと思ったとする。だが、妻の方にはそんな気がない。彼はぶつぶつと不平を言いながら部屋のなかを歩き回る。そして血液の不足した脳はこんな結論を導き出す。「よし、皮肉のひとつでも言って、アタックしてみよう」。妙な話だが、無神経な皮肉に妻の気分を和らげる効果があるとは思えない。

ソフトウェア開発会社の経営陣のことを考えてみよう。まず、「ソフトにバグがあった」という状況を見聞きする。次に、こんなストーリーを組み立てる。「検査員が手抜きして最終テストをしなかったのだ。連中は自分だけの世界に閉じこもり、他で何が起ころうが知ったことではない」。すると怒りの感情が湧き上がり、激しく無益な攻撃をもたらす。見聞きし、ストーリーを組み立て、感じ、行動するという一連の流れは、瞬時に行われ、その後の場の空気を決定づける。

問題　最悪のストーリーを組み立てること

しかし、それなりに知能もある人間が、日常的にそのような性急で不公平な判断を下しているなどということがあるのだろうか。多くの人はもっと慎重で思慮深く、理性的なのではないか。それが違うのだ。このソフト会社の役員たちのようにあからさまに罵倒することはないにしても、リスクの高い状況に置かれると、人は最悪のストーリーを思いつき、それが真実であるかのように行動する傾向がある。

結論を急ぎ、決めてかかる

なぜこのようなことが起こるのか。一九五〇年代から一九六〇年代にかけて、アトリビューション（帰属）研究と呼ばれる一連の長期研究プロジェクトが行われた。その目的は一般の人がある問題の原因を何に帰属させるかを知ることにあった。思考パターンを明らかにするため、被験者には反社会的な行動（女性が同僚の金を盗む、父親が子どもを怒鳴りつける、近所の人がレジの行列に割り込む、など）を記述したリストを示し、「この人はなぜこんなことをしたと思うか」と質問する。

その結果、明らかになったのは、人間はそれほど原因を特定するのが得意でないということだ。なかでも大きな間違いは、人間の行動はすべて個人的な要因（動機）によるものだという単純な思い込みだ。女性が同僚の金を盗んだのは、彼女が不正直だからだ。父親が子どもを怒鳴りつけたのは、彼が意地悪だからだ。プログラマーがテストをしなかったのは、高慢で怠け者で利己的だからだ——といったぐあいである。

しかし、なぜそんな単純で不正確な考えを持つのだろうか。人は多くの場合、他人を見るときに状況よりも属性に注目してしまうからだ。つまり、人間の行動は環境（状況）のせいではなく、制御できない個人的要因（属性）の結果だと考えるわけだ。

これを心理学用語で「帰属の誤り」と言う。その原因は、人を見る際にその行動にばかり目が行き、行動の背景にある状況を見落とすことにある。ところが逆に自分の行動について考えるときは、その行動を選択する背景にある状況を敏感に把握している。つまり人間は、他人が不適切な行動をとるのは性格的な欠陥のせいであり、自分が同じことをするときは悪魔の仕業だと信じているわけだ。

実際、人が望まない行動をとるのは社会的な圧力のせいだったり、他に選択肢がなかったり、個人的な好みとは無関係な状況のせいだったりする。たとえば、女性が盗みを働いたのは、子どもの薬を買うお金がなかったからかもしれない。近所の人がレジの行列に割り込んだのは、二人の子どもに気をとられて列の最後尾を間違えたのかもしれない。あなたのいとこがコンビニ強盗をして逮捕されたのは、欲に目がくらんだせいかもしれないし、事業の失敗で困っていたせいかもしれない。

「基本的な帰属の誤り」とは

人が不道徳な行動をしたとき、動機となる他の要因を無視して、その人の生まれつきの性格のせいにしたり、好きでやっているのだと考えたりするのは誤りである。心理学ではこれを「帰属の誤り」と言うが、このような誤った考え方は人や時間、場所を問わず、つねに見られるので、「基本的な帰属の誤り」と名付けられている。

人はふつう約束を破られても、必ずしも相手が悪意を持って自分を苦しめているとは考えないものだ。親友が歯科医から家まで車で送ってくれることになっていたとする。ところが三〇分遅れても来ない。あなたはまず「どうしたんだろう」と心配し、渋滞か事故にでも巻き込まれたのではないかと思うだろう。

だが、もし過去に彼女から迷惑をかけられたことがあると、一足飛びに別の結論にたどり着く。たとえば彼女はたまに信頼を裏切り、日ごろからあなたに批判的だ。さらに悪いことに、あなたは雨のなかを待たされ、偏頭痛で頭がズキズキしている。

こうした悪条件の下に置かれると、人はたちまち基本的な帰属の誤りを犯すことになる。

責任ある会話においては、基本的な帰属の誤りが付きものだ。「身勝手な人だから遅れたんだ。私のことなんかどうでもいいに決まってる。いったい、いつまで待たせる気なの！」。過去に問題が多ければ多いほど、また、約束違反の結果が重大であればあるほど、人は最悪の仮定をして、怒りで衝動的な行動に走る傾向がある。

沈黙か暴力か

沈黙

ただ、最悪のストーリーを組み立てたからといって、ただちに怒りに任せて厳しく責任を追及するとはかぎらない。多くの人は、気分を害して独善的な結論を出すまでに少し時間がかかる。事実、二五年前に責任ある会話に関する実験を始めたとき、被験者の大部分は約束違反や不適切な行動を目にしても、見て見ぬふりをする傾向があった。

「なぜ問題を見て見ぬふりをするのか」と聞くと、「まだ一回目だから問題にしない方がいい」との答えが返ってきた。つまり、こうした問題は例外的なもので、繰り返されないだろうし、大げさに騒ぎ立て口うるさく思われたくないというわけだ。それはある意味で正しいだろうが、前に述べたように、黙っている本当の理由は問題から逃げたいからだ。被験者の大半は、激しい口論になるのを恐れて沈黙するのである。さらなる問題に巻き込まれるのはごめんだし、沈黙しても誰かから文句を言われる筋合いはない、と思っているのだ。

しかし、沈黙を選択するのは科学的な調査に基づいたものではない。人との関わりを避けるのは、相手が利己的で不愉快な人物だと見なしているからだ。そしてそれが事実であるかのような前提に立って行動しているのだ。「あんな不愉快で利己的な人たちに関わるなんてごめんだ」。だから沈黙を選択するのである。

理由はどうあれ、約束違反やルール破りを見過ごすことは危険につながりかねない。違反を目にしながらそれを正さず沈黙すると、三つの問題が発生する。

- 一つ　その行動に暗黙の了解を与えていると見なされる。違反を見逃していると、相手はあなたが許可を与えていると思うだろう。あなたは見逃してやったと思っていても、実際にはあなたがその行動にゴーサインを出したと見なされる。すると、後で注意することはもっと難しくなる。
- 二つ　他の人たちは、あなたがえこひいきしていると思うかもしれない。「なぜあの人だけ許されるの？」というふうに。
- 三つ　あなたが違反を見逃しているせいもあり、相手は同じ違反を繰り返す。すると、あなたが相手の意図について心のなかで組み立てるストーリーにどんどん新たな証拠が付け加わる。ストーリーはどんどん悪化して、心のなかのわだかまりがいつか爆発することになる。

暴力

思い悩んだあげく、ついに耐えられなくなるときが来る。すると沈黙はいきなり暴力へと発展する。人の話を何度も途中でさえぎる相手に思わず怒りを爆発させたり、大事な締め切りを何度も破る秘書をカッとなって叱り飛ばしたりすることになる。物理的な暴力をふるわないにしても、言葉でやりこめたり、じろりとにらみつけたり、声を荒げたり、首にするぞと脅したり、ばかにしたり、レッテルを貼ったりなど、さまざまな精神的暴力を浴びせるのだ。

突然の爆発に驚いた相手は、「どうしてこんなに怒るのか」と不思議に思うが、その理由はすぐに見つかるだろう。あなたのことを、愚かでよこしまな人間だと考えるのだ。つまり、あなたは相手が基本的な帰属の誤りを犯す手助けをしたことになる。それがさらに相手の沈黙と暴力の原因となり、悪循環が続く。

思わぬ形でいきなり感情が爆発するのは、多くの場合、長く苦しい沈黙に耐えてきたからだ。

暴力は高く付く

沈黙が暴力へと発展してしまうと、事務的かつ冷静な責任ある対話によって満足できる結果を引き出すことは難しくなる。暴力は悲惨な結末しかもたらさない。

あなたは「偽善的で意地悪な愚か者」になる

人は人生のなかでさまざまな誓いを立てる。ささいなことで親に厳しく叱られたから、自分は子どもに同じことをするまいと誓う。すぐにカッとなって悪態をつく上司を見て、自分はそんなひどい振る舞いはやめようと思う。いいかげんな友人を見て、自分はもっとしっかりしなくてはと思ったりもする。

だが残念なことに、こうした誓いを立ててもトラブルから逃れることは難しい。他人の行動を見て、頭のなかで邪悪なストーリーを組み立て、アドレナリンが分泌されると、決してああはなるまいと誓った人間と同じ行動をとってしまう。もちろん、それを意識しているわけではない。悪意のストーリーとアドレナリンの影響で、無意識に愚かな行動をとってしまうのだ。自分は正しいとうぬぼれると、「あいつは何をされても仕方ない」と、相手を非難しつつ、沈黙か暴力かの二者択一にはまり込むことになる。

アドレナリンの効果で完全に思考能力を失うと、とんでもないことを主張することもある。「あいつらは理性ではきかない。厳しい態度で臨まないと。あなたもそうした方がいい」などと忠告するのだ。

実際、人はさほど思考能力を奪われていなくても、この種の主張を支持しがちだ。日常的にさりげなく、そう思わされている。怠け者の性根はこっぴどくたたき直すしかないという考え方は、まるで常識のようになっている。

たとえば、好成績を上げた選手のコーチは褒めたたえられるが、それがもし虐待を伴っていたら、その成功は権威的で懲罰的なやり方のおかげだと受け止められる。一九八〇年冬季オリンピックでアイスホッケー米国代表チームは奇跡的に金メダルを獲得し、『ミラクル』というタイトルでハリウッド映画にもなった。映画によれば、コーチは選手のやる気を引き出す方法として絶対服従させ、スパルタ式のしごきを与える。オリンピックで勝つ見込みは少なかったが、コーチは自分が憎まれ役になることで、選手たちに共通の敵を持たせてチームとして団結させたのだ。

映画は米国代表チームの優勝で終わる。観客は歓喜すると同時に、コーチのスパルタ練習を称賛する。映画館を後にしながら、「すばらしいコーチだ！」と口々に感嘆するのだ。このように、多くのコーチや著名人によるしごきは称賛の的だ。なぜなら、彼らが公然と選手を虐待し、かんしゃくや罵倒に訴える行為は、我々自身が感情を爆発させたり子どもに対して「しつけ」という名目で精神的な攻撃を与えたりすることを正当化してくれるからだ。

もう、このようなばかばかしい行為は葬り去らねばならない。人間は肉体的にも精神的にも虐げられるべきではない。それは何の役にも立たないのだ。確かに、人は自分のことに責任を持つべきだ。責任ある大人として行動し、他人にもそれを期待すべきだ。その点に疑問を唱える人はいない。しかし、他人を虐げたり、侮辱したり、脅したりすることは、決していいことではない。フリードリッヒ・ニーチェの「どんな経験も人を強くする」という言葉はしばしば引用されるが、それはやはり間違っている。虐待が人の心を鍛えることはありえない。ただ傷つけるだけだ。

虐待されて成功した人がいても、それは虐待のおかげではなく、虐待されたにもかかわらず成功したのだ。半世紀以上にわたる研究の結果、虐待を伴う指導スタイルは、長期的に見て成功に結び付くことはないし、短期的に見ても不道徳的な行為にすぎないことがわかっている。我々が調査した偉大なリーダーやコーチ、親は（もちろんポジティブな逸脱者も）、決して人を虐げることはなかった。一か八かの瞬間に一線を越えることがあっても、彼らは決してそれが相手のためになることだとか、そうされて当然の相手だとは言わなかった。

注意！

不適切な行動を目にして最悪のストーリーを組み立て、アドレナリンが放出された結果、脳の活動が低下する。その結果、人を虐げたりばかなまねをしたりしても、それが相手にとって必要だったとか、そうされて当然の相手だったと言ってはならない。このような台詞は、見境がなくなっているときには筋が通っているように聞こえるかもしれない。また、自分の攻撃的な行動に疑問を抱いたときには、一種のなぐさめになるかもしれない。しかし現実には、家庭でも職場でもスタジアムでも、虐待が許される場などありえない。

自分にスポットライトを当ててしまう

あなたは太平洋を渡る飛行機の機内にいる。近くに座っていた女の子がずいぶん長い間、はしゃいで通路を走り回ったり、キャッキャと叫んだりしている。キャビンの乗客たちは全員、「早くシートに戻って静かにしてくれ」と内心で祈っている。すると突然、あなたの隣に座っている中年男性が、その子の細い腕を捕まえると怒鳴りつけた。女の子は当然、わっと泣き出してしまう。

次に何が起きるだろうか。子どもが静かになることを願っていた乗客たちは、今度はその意地悪な男性を非難の目で見るようになるのだ。たったひとつの行動で、一瞬にして子どもを虐げる中年男性は非難の的となり、逆に子どもはたちまち同情の対象へと変化する。先ほどのソフト開発会社の経営陣がやったことも、これと同じだ。その教訓は高くつくものとなった。役員たちは正義の立場からプログラマーたちの責任を追及したが、感情に任せて罵倒や脅しを加えたために、元々持っていた道徳的な優位性を手放してしまったのだ。そして約束の違反者に反撃の口実を与えてしまうことになった。

もちろん、このことでプログラマーたちが責任を免れるわけではないが、経営陣も責任を問われる立場になる。浅はかな行動は決してあなたのためにならない。それによって元の違反者に当たっていたスポットライトを、あなたの最悪の行動に向けさせることになるからだ。

ストーリーが相手を悪党に変える

最悪のストーリーを組み立てると、相手を人間扱いしなくなる。悪党だと思い込むのだ。あなたのストーリーは相手の悪いところを強調し、自分のことは棚に上げる。相手は愚か者なのだから虐げてもかまわない。そう考えるようになる。

ここがポイントだ。もし相手が「悪党」であれば、問題は解決できない。問題を解決できるのは、相手が「人間」である場合だけだ。責任ある会話を始める前に、本章の内容を活用して、相手を人間扱いできるようにしておこう。ひどいことをしたとしても、それでも相手は人間だ。そう思えるかどうかで、すべてが決まる。責任ある会話の熟練者は、最悪のストーリーを打ち壊して、健全な話し合いの雰囲気をつくることがうまい。

では、自分のストーリーが正しく思えるときに、どうやってそれを疑えばいいのだろうか。どうすれば基本的な帰属の誤りや怒りに陥るのを避けて、敵対的な雰囲気を解消できるのだろうか。

解決策　違うストーリーを組み立てる

最悪のストーリーを考えるのも、その結果に苦しむのも、自分の心のなかで起こることだ。だから、それを解決するのもあなたの心だ。ポジティブな逸脱者たちは約束違反を目にしたら、より完全で正確なストーリーを組み立てる。「あいつは何て奴だ」と考える代わりに、「理性的で礼儀正しい人に、なぜあんなことができるのか」という問いを立てる。

責任ある会話の達人は、日常的にこのような「相手を人間扱いした問い」を立てて、相手の属性だけでなく状況を見て判断する。個人の性格だけでなく状況を考えた上で、次のような問いを立てることができるのだ。「この行動に影響を及ぼしている要素は他に何があるだろうか。何がこの行動につながったのか。本来は理性的なのに、非理性的で無責任な行動をとっているように見えるとしたら、自分は何か見落としているのではないか」

図表2-2

	意欲	能力
個人的	何をするか	それができるか
社会的	周囲からのプレッシャー	他人からの援助
組織的	アメとムチ	組織、環境、物

こうした問いに答えるには、「この人のどこがいけないのか」と考えるだけでなく、人間と状況をしっかり見極める力を養う必要がある。状況を見る力をもっと強化できれば、人間がある行動をとる理由をより深く理解でき、責任ある会話に役立つさまざまなツールを開発できるだろう。

六つの影響要素を考える

人間の行動を広い視野から見られるように、あらゆる行動（約束違反も含む）を引き起こす要因を六つの影響要素に整理して、上のように表にまとめてみた。表の上段には行動の選択に関わる「意欲」「能力」の二つの要素が並んでいる。人が何らかの行動を起こすには、意欲か能力のどちらかが必要だ。そしてこの二つの要素はそれぞれ、「自分」（個人的）、「他人」（社会的）、「物」（組織的）という三つの影響要素がからんでいる。

個人的要素

影響要素1　個人的意欲

この要素については、皆さんもよく知っているだろう。この要素だけで行動を判断すると、基本的な帰属の誤りに陥ってしまう。人は個人的な意欲や性格に基づいて行動する。その行動をする意欲はあるか。他の人がどう思うかと関係なく、その行動をしたいと思うか。その行動は快楽と苦痛のどちらをもたらすか。このような基準で人の行動を判断することは、部分的には正しい。人間は個人的意欲を持ち、自分の楽しみのために行動する。ときには他人に迷惑をかける行為を楽しむこともある。だが、個人的意欲だけで人を判断すると、しばしば問題が生じるのも確かだ。

影響要素2　個人的能力

ここに個人的能力という要素を加えてみよう。すると行動の診断基準は「意欲があるか?」と「能力があるか?」（要求に応えるためのスキルや知識を持っているか?）という二つになる。影響要素を一つから二つに増やしたことで、約束を守るには、その意欲があるかどうかだけでなく、精神的・肉体的能力が必要であることに気が付くだろう。たとえば、あなたの会社のカスタマーサービス担当者が怒っている顧客に電話をかけようとしないのは、怒りを鎮める方法がわからないからかもしれない。また、ある病院で看護師が滅菌手袋を使わないのは、すばやく着用できないからかもしれない。

このように二つの選択肢があれば、もう一つのストーリーを組み立てることができる。期待を裏切った相手をやる気がなく、自分勝手で無神経な人間だと決めつけるのではなく、実は期待に応えようとしたのに何らかの障害に阻まれたのかもしれないと考えることができる。

好奇心を持つ

問題の陰に複数の要素があることを知れば、対処の仕方も変わってくる。相手が悪いと決めつけて怒ったり独善的になったりせずに、落ち着いて考えることができる。激怒して相手の責任を問う前に、好奇心を持ってもっとデータを集めたくなるだろう。問題を裁く判事になるよりも、好奇心を持った参加者になる方がいい。

社会的要素

真空状態のなかで暮らしている人はいない。人は誰かと約束を交わし、ほとんどの場合は誠実にそれを果たそうと努める。また、その能力も持っている。そこに第三者の存在を考慮に入れてみたらどうなるか。同僚、友人、家族が意欲を与えてくれるだろうか。能力を貸してくれるだろうか。この社会的要素は生活のあらゆる場面で重要な役割を担っており、人間の行動は当然、その影響を受けている。

影響要素３　社会的意欲

親は我が子が友達から悪い影響を受けるのではないかと、いろいろ口出しするものだ。高校を卒業するとようやくホッとして、あまり心配しなくなる。だが、高校を卒業したからといって、周囲の仲間からの影響がなくなるわけではない。社会人同士のプレッシャーは思春期のころに比べると目立たないかもしれないが、その影響力はなお強力だ。

先のソフト開発会社のケースで言えば、たとえばソフト検査員のところに現場のマネジャーがやってきて、こう言ったらどうなるか。「やあ、クリス。ソフトの開発が予定より遅れているんだ。ちょっと急がなくちゃいけないんだが」

「と言いますと？」と、クリスが尋ねる。

「何とか最終テストを省けない？　短縮するとか。ソフトはうまく動いているようだし」

そしてこの簡単な一言で、テストは省略される。

話し合いの相手も、同僚や上司、顧客、家族など、他の人の影響を受けていないか考えてみよう。ソロモン・アッシュとスタンレー・ミルグラムは実験で、人は社会的プレッシャーを受けると自分の意見を変え、嘘をつき、さらには他人に苦痛まで与えることを証明した。驚くべきことに、大人でも子どもでも、非常識な言動の多くはただ人から認められたいという気持ちの結果なのだ。医療従事者や科学者が安全に目をつぶり、会計士が同業者の違反を見て見ぬふりをするのも、他の人たちが沈黙しているために信念が揺らぎ、周囲に認めてもらいたいという欲望が判断をくるわせてしまうためだ。社会的プレッシャーは愚かさの母なのである。

影響要素４　社会的能力

このように他人の存在は意欲に影響を与えるが、同時に能力を与えたり奪ったりもする。彼らは支援者にもなるし、邪魔者にもなる。同僚はあなたの仕事を手助けし、必要な情報やツールや材料、さらには承認も与えてくれる。真空のなかで働いているわけではない以上、もし同僚が自分の仕事をしてくれなければ、あなたは立ち往生してしまうだろう。

ソフト開発を例にとってみよう。テスト用のソフトが壊れていたら？　サーバーの管理責任者が技術者セミナーで出張中にサーバーがダウンしたら？　最終工程でソフトにバグが生じたのはそのせいかもしれない。ここが肝心なところだ。実際に何が起きたのか知るには、データを集める必要がある。

あなたも社会的要素の一部だ

社会的要素には、あなた自身も含まれることを忘れてはならない。あなたも社会の構成員だ。だから、あなたの行動が問題の原因となっている場合もある。自分がどう問題に関与しているかを知るには、相手の立場からものを見ることだ。秘書が締め切りを守らないのは、あなたの仕事の頼み方が気に入らないからかもしれない。段取りなどおかまいなしに仕事を押し付け、細かな注文を付ける。彼女はそう思っていながら何も言わないが、あなたの仕事をいちばん後回しにする。そして、こう釈明するのだ。「ごめんなさい、暇がなくって」

家庭でも同じ問題に出くわすことがある。再婚した夫があなたの連れ子につらくあたるので困り果てている。それはなぜだろうか。夫が身勝手でせっかちだから？　子どもに対する不満をあなたがわかってあげないから？　おそらくあなたは夫に寂しい思いをさせており、そのことでへそを曲げた夫は、連れ子に冷たくしても当然だと思っているのかもしれない。

だが、それだけではない。あなたも誰かの「社会的影響」の一部だ。相手が期待に沿う行動をする能力に影響を与えることができる。たとえば、あなたの息子が期日までに火山の模型をつくるという科学の宿題を終えられなかったとする。それは、あなたは会社からの帰りに模型の材料を買い忘れたからだ。その場合、あなたは問題の一部を担っている。

人の可能性を奪えば、あなたは自分の役割に気付くことだろう。その相手もあなたに失望させられて、何か言いたくなるだろう。

あなたの態度や仕事のやり方が反発を生んでいても、相手は黙っているかもしれない。そうするとあなたは自分が問題の一部になっていることに気付かないだろう。とくにあなたが地位のある立場なら、相手は正直に理由を告げず言い訳する可能性が高い。こんなときは、自分に視線を転じてストーリーの全体像を見直すことが大切だ。「もしかしたら自分に問題があるのに、気付かないふりをしているのではないか」と自問してみよう。

世の中には、他人に意見しても反発されたり怒らせたりするばかりで、やる気を削ぐような人がいるが、あなた自身がその人かもしれない。

組織的要因

人間の日々の活動をよく観察すれば、それが人間以外のファクターに大きく影響されていることがわかる。人間の行動の多くは周囲の物質的な働きによるものだが、慣れていないと見てもよくわからない。人は他人に対してはもちろん自分自身に対しても、環境が与える影響にはなかなか気付かないものだ。

ダイエットのために弁当をつくっていっても、クレジットカードを持っているとレストランに行って高カロリーの料理を食べてしまうことが多くなる。お腹がすいていて（個人的意欲）、友達からランチに誘われ（社会的意欲）、クレジットカードを持っていると（組織的意欲）、一線を越えてしまうのだ。また、冷蔵庫までの距離やそのなかに不健康な食べ物が入っているかどうかも、ダイエットに影響を与える重要なファクターだが、なかなか気付きにくい。

環境や組織的な力、制度的ファクターなど、「物」が行動に及ぼす影響を、人は直感的には理解できないからだ。だから設備や材料、職場のレイアウト、室温などが行動に及ぼすインパクトは見過ごされがちだ。さらに目的、役割、ルール、情報、技術などの「物」が意欲や能力に及ぼす影響は目に見えにくいものだ。

影響要素5　組織的意欲

物はどのように人間の意欲に影響するのだろうか。それはいたって簡単だ。お金が意欲をかき立てることは誰でも知っている。だが、お金の使い方が間違っている場合はどうなるだろうか。たとえば管理職にはコストダウンを基準に報奨を与え、時給で働く従業員には残業に対し報奨を与えるとする。すると、両者の争いは絶えないだろう。あるいは品質管理担当には不良品を見つけたらボーナスを与え、生産現場の従業員には出荷する製品数に従ってボーナスを与えたら、これまたトラブルの種になる。チームワーク訓練やトラブル解決の研修をすれば、問題を減らせると考えるかもしれない。だが、そうだろうか。

経験豊富なリーダーならすぐさま制度的な報奨システムに注目し、賃金、昇進、配置、福利厚生、ボーナスなどの報奨が行動に与えるインパクトを検討するだろう。Aという行動に報奨を与えながらBという行動を望むのは、まったく愚かな行為だ。賢明なリーダーや子育て上手な親はそのことを熟知している。

地域社会の問題でも同じことが言える。都心部の非行少年に最も大きな影響を与えている要因は何か。彼らがしばしばドラッグの密売による成功例を目にすることだ。非合法的な商売に足を踏み入れてしまうのは、人による影響だけでなく、経済的な理由からだ。他に経済的成功への道が示されないかぎり、多くの若者が社会悪へと迷い込んでしまうだろう。

夫婦仲もこの影響要素によって大きく左右される。夫婦の片方または両方が私生活を犠牲にして、地位や富が約束された仕事に打ち込むと、結婚生活の基盤がもろくなりやすい。

影響要素6　組織的能力

「物」はしばしば人に能力を与えたり、逆にカベとして立ちはだかったりする。たとえばマーケティング・チームと生産現場チームとの交流をもっと増やしたいとする。ところが両者は仲が悪く、お互いに避けている。両者の目標や報奨をすり合わせたのに、マーケティング・チームは現場チームを「ギャング」と呼び、現場チームはマーケティング・チームのことを「口先野郎」と呼んでいる。そこであなたは、たまに両者を同じ部屋に呼んで顔合わせをさせれば、問題の多くが解消するだろうと考える。だが、どうすれば両者をもっと頻繁に会わせて、協力させることができるのか。

まず、標語を貼り出してみる。だが、何も変わらない。次に、人事考課に「部門間の相互協力」という項目を付け加えたが、それも効果がない。さらに朝礼で話をしたり、それとなく脅してみたり、さらには「月間協力賞」という表彰制度までつくった。部門長に表彰に値する従業員をノミネートするよう言ったが、誰を選ぶかで議論は堂々巡りするばかりだ。

そこで、従来の発想にとらわれないことにした。とくにお金——報奨を出せばいいという考えは捨てた。そして他の「物」に目を向けるのだ。組織の物理的な面をどのように変えれば従業員同士の交流を盛んにできるのか、あなたはわかるだろうか。

両グループの交流を活発にするには、両者の空間を近づければいいのだ。交流の密度を高めるのにいちばん効果があるのは、「近接性」である。人は近くにいれば、お互いにしょっちゅう顔を合わせて、話をするようになるものだ。

同じ休憩室や資料室を共有させれば、自然と顔を合わせるようになる。マーケティング室を生産現場の近くに移動させ、共通のスペースを設ける。そうすれば両者は互いに打ち解けるだろう。近接性は、人間の行動に目に見えない強力な効果を持っているのである。

他にも能力に影響を与える「物」の要素はいろいろある。

小物

小物は想像以上に行動に深い影響を及ぼす。たとえばこうだ。

- 料理のオーダー間違いをめぐり、コックとウエートレスのあいだには口論が絶えなかった。そこである研究者がオーダーを整理する回転式オーダークリッパーを発明したところ、けんかがピタリと収まった。オーダークリッパーのおかげでウエートレスがコックに大声でオーダーを伝える必要がなくなり、コックがオーダーを間違えることもなくなった。
- 息子がいつも明るいうちに家に帰らず、しょっちゅう母親から叱られていた。息子の方にしてみれば何時まで「明るい」のかわからず、暗くなってから帰るので、それがトラブルの種になっていたのだ。そこで近所の人がその子に腕時計を持たせて、母親が具体的な門限時間を決めたところ、問題は解消した。
- 父親がお湯の元栓を早く閉めてしまうので、妻と娘はのんびりシャワーを浴びることができず、いつも腹を立てていた。ある日、母親はキッチンタイマーをかけておくことを思いつき、それ以来トラブルはなくなった。

・ある一家では、親子を遠ざけている原因が電子レンジにあると気付いた。何だかこじつけのようだが、電子レンジを買って以来、夕食時の一家団欒が消えたことは事実だ。電子レンジがあると、子どもたちが好きなものを好きな時間につくって食べられるからだ。それに気付かなければ、家族のきずなが失われ、家庭崩壊につながったかもしれない。物が悪いというわけではないが、物が想像以上に人間の行動に大きなインパクトを与えることに注目する必要がある。

データ

ある金融会社ではコストと取引状況のデータを公表することで、社員にコスト削減意識を持たせることができた。同様に、いくつかの工場では部門ごとのコスト・データを目立つ場所に貼り出している。ある大病院ではラテックスの手袋（一組三ドル）とゴム手袋（一組三〇ドル）の二種類が用意してあるのに、医師や看護師はごく簡単な作業でも付け心地のよい高価なゴム手袋を使っていた。いくら注意してもきかないので、目立つ場所に手袋の価格を貼り出したところ、一夜にして手袋のコストを削減できた。

ある父親はうんざりしていた。高校生の娘がブランド物のテニスシューズから高価なスポーツカーまで、次々とねだってくるからだ。ある晩、父親は娘と情報を共有することを思いついた。家計をまるごと公開したら、口で言って聞かせるよりずっと効果があるのではないか。すると娘は、夜にアルバイトをして家計を助けると自分から申し出たのだった。これは実際の話だ。

ストーリーを完成させる

約束を破られると、とかく相手が何を考えているかに注目する。そして身勝手だとか無分別だと単純に決めてかかり、最悪のストーリーをつくりあげるのが人間の常だ。だが、少し落ち着いて相手の能力に着目すれば、「あの人は約束した仕事をどうやってやればいいのかわからないのだろう」というぐあいに、もっとストーリーの幅を広げることができる。そうすれば怒りの根を断つこともできるだろう。真相がわからない段階では、怒りよりも好奇心の方が大切だ。約束違反を頭ごなしに断罪するよりも、科学者になって原因を分析する方がずっといい。

他人の影響という要素を頭に入れると、ストーリーは現実の複雑さを反映したものとなる。問題をうまく解決できる人は、社会的な力が問題に大きく影響しているという事実を見逃さない。人は誰でも、どこかに所属して友人や同僚から尊重されたいという願望を持っている。その要素を無視して原因を考えるのは愚かなことだ。他者の影響を理解することは、効果的な責任ある会話の必須条件だ。

最後に、責任ある会話の達人になるには、組織的ファクター、つまり「物」の影響を考慮しなければならない。これは直感的には理解できないかもしれない。実際、組織のリーダーでも親でも、違反行動の原因を探る際に、報奨やその他の環境要因の影響にまで目を配れる人はまれだ。「物」の影響にまで視野を広げれば、すんなりと問題が解決することもある。

六つの影響要素を使う

人間の行動に強い影響を与えるこれらの要因をまとめて、原因の診断と影響ツールに利用できるようにしたのが、本章の冒頭に掲げた六つの影響要素である。

再びソフトウェア検査員について

では、最終工程でソフトのバグを引き起こした原因は、実際には何だったのだろうか。六つの影響要素のうち、次のような力が影響していたと考えられる。

- 現場を任された管理者は、プログラマーが検査用ソフトの最新バージョンに慣れていないことに気付いた（個人的能力）。
- 管理者は検査用ソフトのマニュアルを入手しようとしたが、マニュアルは遠隔地の本社にしかなかった（組織的能力）。チームリーダーがマニュアルを取り寄せると言ったが、実際には入手できなかった（社会的能力）。

- チームリーダーがマニュアルを入手できなかったのは、たまたま廊下で呼び止められて、本社の役員視察の準備をするよう言われたからだ（社会的意欲）。

つまり、プログラマーたちは最終テストをやりたくなかったわけではない。そう考えられる余地はあったが、実際は違った。つまり、経営陣が彼らの意欲のなさを責め立てたとしても根本的な問題解決にはつながらず、むしろ恨みを買うことになっただろう。

最後にひと言

有能なリーダーや親は、責任をあいまいなまま放置したり、どこから手を付けたらいいかわからず思い悩んだりすることはない。約束違反を見つけたら、自ら進んでそれに取り組み、問題の解決にあたる。責任ある会話をどのように進めたらいいかは、後の章で説明しよう。

あなたはこれまで不適切な行動を見かけたときに、その第一印象から見解を組み立て、その場の雰囲気をもとに問題を理解してきたかもしれない。であるなら、今後は他者の行動について本能的に最悪の仮定を立ててしまう傾向に抵抗しよう。それを純粋な好奇心に切り替え、最初の一言から建設的な関係を生み出せるような言動を心がけるべきだ。そのためには、別のストーリーを組み立てることが必要だ。

【この章のまとめ】

正しいストーリーを創る

まず、期待外れの行動とそれが起きたときの状況について、悪意を持たずに考えてみよう。要するに、問題に関わるあらゆる影響要素を考慮して、正しいストーリーを組み立てるのだ。

- 正しいストーリーを創る　このステップも、実際に話を始める前にやっておく必要がある。責任ある会話に際して、情報を十分に吟味しないまま険悪な空気をつくってしまわないよう気を付ける。この手痛いミスを防ぐため、話をする前に自分の考え、感情、ストーリーを整理しよう。
- 別のストーリーを創る　「理性的で礼儀正しい人に、なぜあのようなことができるのか」という問いを立てると同時に、あなた自身がその問題の原因になっていないかどうかを考える。

・六つの影響要素のすべてを考慮する　相手の意欲や能力に影響を与える個人的、社会的、組織的要素を検討する。
・他人の影響も含めて、行動の動機を広く検討する　期待される行動に対して、周囲は称賛や援助をしているだろうか。または逆のプレッシャーを与えていないだろうか。報奨制度は目的に合っているだろうか。期待に添った行動をしたときの授賞はどうなっているだろうか。
・最後に能力を考慮する　相手は約束を守る能力があるだろうか。要求されているタスクは相手の得意分野か、それとも不得意なことか。周囲の人々は支援してくれるのか、妨害するのか。周囲の環境は成功への架け橋となるのか、カベとなるのか。

次章では……

これで準備万端だ。次は実際に口を開いて、約束違反について話し合う番だ。見聞きした違反について、最初にどのように語ればいいのか。まず何から話し始めればいいのか。第3章ではそれを考えよう。

第Ⅱ部　安心感を与える

責任ある会話のあいだにすべきこと

相手に十分な安心感を与えることができれば、誰とでも、何についてでも話すことができる。責任ある会話の熟練者は自分の考えを言葉に移す際に、次のように安心感を与える。

- まず初めが肝心だ。相手を安心させるようなやり方で、期待と現実とのギャップを説明する（第3章「ギャップを説明する」）。
- 競合するタスクがある場合は、その優先順位をどう決めるかを教える。また、必要なときには罰を与える（第4章「意欲を持たせる」）。
- 能力的なカベがあれば、一緒に解決策を考えて、援助して対処できるようにする。また、到達目標を引き下げて、相手が約束を守れるよう手助けする（第5章「安心させる」）。
- 責任ある会話のあいだに起こる予想外の問題や感情の変化に対処する方法を身に付ける（第6章「目標を見失うことなく、柔軟に」）。

3 ギャップを説明する
——責任ある会話をどうやって始めるか

怒りに任せて話してみるといい。きっと一生後悔する最高のスピーチになるだろう。
——アンブローズ・ビアス

責任ある会話はひとりでに身につかない

約束違反について話すことを決め、その背景にある六つの影響要素を考慮したら、いよいよ会話を始める番だ。だが、その前にはっきりさせておこう。微妙で複雑な責任ある会話を行って問題を解決することに慣れている人はほとんどいない。そのような幻想は捨てよう。

管理者研修でも、そのようなことは習わない。ある金曜日の午後、ひとりの有能な従業員が上司からポンと肩をたたかれ（「おめでとう！　あなたは管理者に選ばれました」というわけだ）、月曜日の朝から管理者に昇進する。だが、それまで実際にリーダーたちが微妙な問題や約束違反にどう対処してきたかを目にする機会はほとんどなかった。そういうことは、たいてい密室のなかで行われるからだ。

マネジャーや役員を教育するビジネススクールでも、部下に対する接し方を教えてくれることはめったにない。ビジネススクールのカリキュラムの大半はマネジメントと起業家精神についてであり、リーダーシップについてではない。まれにリーダーの心構えについては教えてくれるが、どう行動すべきかはまず習わない。責任ある会話に関するカリキュラムも、まずないだろう。教える側も教わる側も、期待を裏切られる経験をしているはずなのに、それにどう対処するかは誰も教えてくれないのだ。

子育ても同じことだ。ふつうの親は、子どもへの接し方を学ぼうとは思わない。ほとんどの人は、自分の親のやり方をまねしているだけだ。そして親は毎日、子どもに対して、人間を罪の意識でがんじがらめにすることばかり教えているわけだ。

さて、ここで問題だ。人はどのようにして簡単な目標設定のための話し合いはもちろん、もっと複雑な責任ある会話をすいすいこなせる能力を手に入れたことになっているのか。

知らぬ間に、ひとりでに身についたとでもいうのだろうか。

他の人と同様、あなたも人間関係のトレーニングを積んだ経験がないなら、ぜひ本書を手にとってじっくり学んで欲しい。ポジティブな逸脱者は、相手に歩み寄って効果的な責任ある会話を行うコツを熟知している。そのベスト・プラクティスを紹介しよう。

何について話すのか?

本題に入る前に、これから何について話すのか明確にし、話題を共有しておこう。

具体的には、次の問題についてだ。

期待外れ

ギャップ　期待されていたことと現実との差。ギャップとは次のようなことだ。

「約束を破る」「義務を果たさない」「不適切な行動をとる」

本書でいう「ギャップ」とは、話し合うことが難しく、場合によってはリスクを伴う「重大で複雑な逸脱行為」を意味する。素直で仕事熱心な従業員と小さな違反について話し合うことなら誰にでもできる。そのようなささいなことなら、別に本書を読む必要はない。

そこで本書では先に述べたように、次のような問題に取り組むことにする。部下の行動をいちいち細かくチェックする上司とうまくやるには？　陰口をたたく友人に注意する方法は？　乱暴な従業員に対してどのような罰を与えればいいか？　本書のタイトルを『クルーシャル・アカウンタビリティ』としたのは、ひとつ間違えば仕事や友人を失いかねない、高リスクの状況を想定しているからだ。

何をしてはならないか知る

では、責任ある会話をどのように始めたらいいだろうか。それを考えるにあたり、ポジティブな逸脱者による成功事例だけでなく、勇敢に会話に取り組んだものの失敗に終わったケースを紹介しておこう。何をしてはならないかを知れば、半ば成功したも同然だ。

思わせぶりな態度

一つ目は、意図はいいのに悪い論法を使ってしまうことだ。これは「サンドイッチ」と呼ばれる。あなたには二つの選択肢しかないが、どちらも好ましくないとする。一つは沈黙して波風を立てないこと、もう一つは正直に話をして相手の機嫌を損なうこと。そこで、波風を立てずに正直にものを言うために使われるのが「サンドイッチ」作戦だ。相手を刺激しないよう、あなたはまずお世辞を言い、次に問題について話し、最後にまたお世辞めいたことを言って話を締めくくる。こんなぐあいだ。

「やあ、ボブ、このブリーフケースはカッコいいね。ところで、我が社の年金ファンドが一万ドルほど減っているんだが、心当たりはないかね。その髪型もなかなか似合うよ」

この回りくどい方法とよく似ているのが、「奇襲攻撃」だ。まず、上司や親はくだけた調子で明るく雑談を始める。そしていきなり問題の核心に切り込むのだ。

これらの曖昧な手法が不快感を与えるのは、問題自体を隠しておいて、相手をだまし討ちする一種のわなだからだ。たとえばこんな感じだ。

「今日は学校でどうだったの？」
「別に。いつもと同じだよ」
「別に？　校長先生から電話があったわよ。カフェテリアで食べ物を投げ合ってふざけていたそうね。〝別に〟って何よ」

この回りくどいやり方を、不誠実で、相手を操作する侮辱的な手口として軽蔑する人は多いが、しばしば使われている。

ジェスチャーゲーム

二つ目は、身ぶりによるヒントや、それとない当てこすりだ。約束違反について率直に話す代わりに、この手法に頼る人は多い。正面から問題について話すよりも、その方が早くて安全だと思っているのだ。ほのめかしを多用する人もいる。言いたいことを伝えるのに、眉をひそめたり、薄ら笑いを浮かべたり、心配そうに見つめたりする。誰かが遅刻すると時計をチラリと見たりもする。この曖昧なやり方には危険が潜んでいる。ジェスチャーによるメッセージが伝わる相手もいるかもしれないが、誤解される場合もあるからだ。まさかこんなふうに行動をいちいち文書として残すこともできまい。

「二月一〇日、午後二時。右の眉を三センチメートルつり上げた。従業員は了解したという表情でうなずき、仕事に戻った」

責任転嫁

三つ目の悪例は、責任を誰かに転嫁すること。他のリーダーを悪人に仕立て上げ、自分は善人を演じる。もちろん、これは誤った考えだ。親がその配偶者を悪く言うのも同じことだ。自分が「善人」になることで、部下や子どもと良好な関係を保てると思っているのだ。彼らの手管はこんな調子だ。

「残業が嫌なのはよくわかるよ。でも、上の人が残業しないと勤務評定に響くって言うんだ。連休前だから私も早く帰りたいんだけどね」

これはずるいやり方だし、効果もない。あなたの意図は相手に見抜かれている。はっきり言う勇気がないからといって、自分が言うべきことを誰かのせいにしていたら、あなたの権威は地に落ちてしまう。このような誤りを繰り返していたら、やがてあなたは臆病なメッセンジャーとして軽く見られることになるだろう。

読心術

四つ目は自分の考えを相手に読ませようとすること。書店で責任ある会話に関するテキストを何冊か開くと、そこにはこんな提案が書いてあるだろう。「人は自分で学ぶのが最高だ。だから悩ましい違反行為を見つけてもすぐに指摘せず、自分で気付くチャンスを与えるべきだ」、と。約束を破った人にあなたの心を読ませろというわけだ。すると、こんなやりとりが行われることになる。


「カルメンさん、こんなに朝早くに電話したのはなぜかわかる?」

「わかりません。会社の車が事故でも起こしたんですか?」

「いいや」

「うーん、電話システムの故障とか?」

「それも違うな」

「だったら……」


この方法は効果がないし、イライラが募るばかりだ。たとえ善意からでも、他人にあなたの心を読み取らせようとするのは、相手を小ばかにして操ろうとする行為だ。

ポジティブな逸脱者に学ぶ

このような失敗例もたくさん見たが、その一方で優れた会話スキルを持った親、上司、マネジャーたちを観察する機会にも恵まれた。これらの人々に注目し、そのお手本に学ぼう。トップ・パフォーマーを詳細に調査し始めたころ、彼らのスタイルが業界とは関係なく共通していることに驚いた。ハイテク企業や大学、銀行などでは落ち着いて繊細なスタイル、鉱山や製造業などではまた別のスタイルを予想していた。ところが、その予想は外れた。たとえばメリッサは責任体制のかけらもなかった工場の現場監督だが、その率直な話しぶりと従業員を尊重する姿勢で、たちまち最も優れたリーダーとなった。

正直言って初めてメリッサに会ったとき、彼女のスタイルは女性特有のものではないかと考えた。そこで他のポジティブな逸脱者の仕事ぶりと比較するため、大柄で強面の男性現場監督を紹介してもらった。ところが、彼も部下を脅したり侮辱したりするタイプではなく、対人スキルに重きを置いていた。

そのバフォードという男性の現場監督は我々が初めて出会った安全帽をかぶった責任ある会話の熟練者だったが、彼もメリッサと同様、仕事場から想像するようながさつなタイプというより、子ども番組の司会者のような印象だった。地獄のなかの掘っ立て小屋のような工場にいるのに、バフォードの立ち居振る舞いは大企業の役員室に似合いそうだった。口の悪い他のリーダーたちとは違い、まるで学校の先生のようだ。

工場長に、なぜメリッサとバフォードがベストな人材だと思うのかと尋ねてみた。すると、予想どおりの答えが返ってきた。「部下と仲のいい温情型のリーダーはたくさんいますが、そういうタイプは仕事のけじめを付けさせるのは苦手です。一方、容赦なく部下を統率する生真面目で厳しいリーダーも珍しくはありませんが、彼らはしばしば恨みを買ってしまいます。結局、人情と仕事を両立できる管理者を探すのは、宝石を見つけるより難しいのです」

では、メリッサとバフォードという二人の優れたリーダーは、どうやって人間関係と問題解決を両立させているのか。責任ある会話をどうやって始めるのだろうか。二人がどうやってそのスキルを身に付けたのかはわからない。だが、なぜか優秀なリーダーや親は、きまってシンプルで重要な原則に到達するものだという事実に、我々はまもなく気付くことになった。

ギャップの説明

話し合いの最初の数秒で適切な雰囲気をつかむには、衝動的に行動しないことだ。状況に惑わされたり、相手を叱責したり、結果を考えずに発言してはならない。その代わり、次のような手順でギャップを説明しよう。

- まずは相手を安心させる。
- プロセスを共有する。
- 質問で終わる。

まずは相手を安心させる

相手に期待を裏切られたときは、期待していたことと結果のあいだのギャップを簡単に説明することから話し合いをスタートさせる。「夕食前に部屋を掃除すると約束したよね。もう九時だけど、まだ掃除してないよ」

小細工を弄せず、ただギャップを説明するのだ。期待と結果を単純明快に説明すれば、よいスタートが切れる。

ほとんどの場合、責任ある会話はここから始めればいい。だが、約束違反を切り出しただけで相手に恐れや侮辱を感じる気配が見えたら、違反の内容はどうあれ、相手を安心させることが先決だ。

先に述べたように、責任ある会話の熟練者は能力不足や不信、さらには横領などの愉快でない話題についても、うまく会話をまとめることができる。一方、未熟な人はたった五分の遅刻のような小さな問題についての話し合いでも、感情的な怒鳴り合いに発展してしまう。

なぜこのような違いが現れるのだろうか。調査の結果、次のような事実を突き止めた。

驚きの事実

責任のある会話の成功は、相手を安心させられるかどうかにかかっている。安心感をつくれないと、何を話してもうまくいかない。だが、相手を安心させられれば、約束違反の問題を含めて、誰とでも、どんな話題でも話せるようになる。

もちろん、もっと議論の余地のある微妙な問題の場合、会話も難しくなる。それでも安心感を生み出せれば、相手もあなたの話に耳を傾けてくれる。耳に痛い話題でも理解してくれるだろう。安心感さえあれば、相手は黙り込んだり暴力的になったりする必要もなくなる。

では、ただギャップを説明するだけでなく、安心できる雰囲気をつくるにはどうしたらいいだろうか。相手が身構えたり怒ったりする気配があるとき、どうやって期待を裏切ったことについて話を切り出すべきかを考えてみよう。

安心できないときのサイン

まず、安心の基本について確認し、次にどうしたら安心感を生み出せるかを考えよう。

人が不安を感じるのは、次のような場合だ。

1　人として尊重されていない（相互敬意の欠如）
2　自分のゴールを無視されている（共通目的の欠如）

自分が人として尊重されていて、自分の利益も考慮してくれているとわかれば、相手も余裕を持って話し合いに応じてくれるはずだ。そうすれば存分に話ができる。たとえば四歳の孫娘から「デブ」と言われて腹を立てる人はいない。それは孫娘が自分を愛して尊敬しており、悪意がないことがわかっているからだ。逆に、話の内容や態度から相手を見下した感じが垣間見えたり、あなたの目的が利己的で悪意のあるものだったりしたら、何を言っても通じないだろう。

とくに仕事上のギャップについて話す際は、相手はすでに警戒している状態だ。問題に関する話になることは間違いない。そんなときに相手が真っ先に知りたいことはただひとつ。何か面倒な話になるのではないか、ということだ。上司や親や友人が、ランチに誘うのではなく、問題について話そうとしているのだ。何か悪いことでも起きるのだろうか？

相互敬意

ギャップを説明しているときに、あなたの声の調子や、表情、言葉づかいに見下したような気配が見えたら、相手は何か悪いことが起きつつある合図として受け取るだろう。あなたは自分の頭のなかで裁判を開いて相手を有罪と決めつけているから、敬意が感じられず、話し方や態度が乱暴で、軽蔑の気持ちが透けて見えるのだ。それが相手にも伝わってしまう。

敬意の欠如は、眉をひそめるといった行為のなかにそれとなく現れるものだ。もちろんもっとダイレクトに「ばか」などという言葉が使われる場合もあるが、いずれにせよ相手はあなたから無能で怠け者だと思われていると感じている。同時に、あなたはこの会話が失敗に終わりそうな予感を抱く。そうやって相手が軽蔑されていると感じたまま会話が始まれば、不安を覚えて沈黙したり暴力的になったりするのも当然だ。

共通目的

安心の問題が話し合いに与える影響は、それだけにとどまらない。あなたと目指すゴールが違っていることに気付いた相手は、自分の身に何か悪いことが降りかかると考えがちだ。あなたは違反について問題にし、その結果、相手が傷ついてもしかたないと思っている。あなたは自分の求めるものを手にすることだけ考えており、相手のゴールのことはどうでもいい。これは相手にとって悪い兆しだ。あなたが敬意を持って会話を始めたとしても、相手が自分と目的が違うと感じたら、沈黙や暴力に走るかもしれない。相手には相手の利害があるからだ。

相手が心配しているサインを、できるだけ早く診断しよう。見下されていると感じていないだろうか。あなたと目的が違うと思っていないだろうか。その兆しが見えたら、相手に敬意を示し、望みを踏みにじるつもりがないことを知らせなくてはならない。

責任ある会話では、この点をつい忘れてしまいやすい。どうしても話の内容に気をとられ、相手の不安を解消することまで頭が回らないからだ。それでも相手を安心させるしか、解決策はない。不安のサインに気付いたら話を中断し、相手の心配の原因を診断して、相互敬意と共通目的を取り戻す必要がある。その手順は次のとおりだ。

相互敬意を維持する

あなたは相手の期待外れについて話を始めようとしている。相手の意欲のなさや能力の不足について問題にしようとしていることは、何となく伝わるかもしれない。誰もそんな話を聞きたくはないだろう。それに、もしそれが裏切りや嘘を含む重大な問題であれば、相手はあなたが自分を見下すに違いないと考えるだろう。リスクの高いギャップについて話し合いながらも、相手に見下されているような感じを与えないためには、どうすればいいだろうか。

別のストーリーを組み立てる

相手を安心させるには、これまでに本書で取り上げたことがすべて役に立つ。まずは相手を尊重しよう。そうすれば、相手は自分が見下されているとは感じない。逆に、あなたが頭のなかで組み立てた最悪のストーリーに従って非難すれば、相手は軽蔑されていると受け止める。内心で相手が悪いと思っていたら、いくらそれを隠そうとしても顔に出てしまうものだ。「疑わしきは罰せず」の原則を適用して、別のストーリーを組み立て直そう。相手を理性的でまっとうな人間と見なして尊重するのだ。それは態度や言葉の選び方、口調に影響を与え、相手に安心感を与えることだろう。たとえ問題に焦点を合わせていても、敬意を抱いていることは相手に伝わる。

相互敬意を回復させるためにコントラストを使う

相手を善意で見るだけでは十分でない場合もある。うまく話し始めることができたと思っても、問題に触れたとたんに相手は見下されていると感じるかもしれない。相手が悪質な問題に関わっていれば、あなたがどれほど安心させようとしても、自分が責められているように感じるだろう。相手は心配になり、話の途中で黙り込んだり暴力に走ったりする。

それを防ぐには、最初にあるスキルを使うことだ。見下されたという感情を未然に防ぐためのこのツールを「コントラスト」と言い、基本的な帰属の誤りに陥ることを防止する。

その仕組みは次のとおりだ。

まず会話を始める前に、相手が考えそうな最悪のことを予測する。相手がどの程度、見下されていると感じるだろうか。たとえば品質を問題にされたら、相手は自分が未熟者扱いされていると考えるだろう。プロジェクトの成果が不十分であることを指摘すれば、相手は意欲や信頼性の低さをなじられ、嫌われ罰せられることを恐れるかもしれない。問題に言及したとたんに、あなたが話を終える前に最悪の事態を予想して身構えてしまうのだ。

こうした誤解を防ぐために、コントラストを使う。最初に、相手が抱きそうな誤解を想像する。次に、そのように考えるのは誤解であると打ち消す。最後に、それと対比（コントラスト）させながら、あなたの真意を説明する。ここで重要なのは、二番目の打ち消しの部分だ。これによって安心感を危うくする誤解を解消するのだ。こうして再び相手を安心させることができたら、言うべきことをはっきりと述べればよい。次はコントラストを使うことによって、見下されている誤解を予防している例だ。

「君と一緒に働きたくなくなったなどとは思わないで欲しいんだ。全体的にはとても満足しているよ。意思決定の方法について話し合いたいだけなんだ」

「会議で反対意見をおっしゃったこと自体はまったく気にしていません。最善の決定をするために多くの声を聞くのは当然ですから。でも、責められているように感じたんです」

「成績を上げるために君が頑張っていることはよくわかっている。その努力は十分に認めるし、君の進歩には満足しているよ。ただ、もっと楽にレベルアップするための方法を教えたいんだ」

このようにコントラストは、約束違反について話し合いを始める際に非常に有用だ。問題が大きければ大きいほど、相手は自分が見下されていると感じやすい。だからそのような話し合いには、うまくコントラストを使って誤解を避けよう。責任ある会話に関する本を求める人の多くは、会話をどう始めたらいいのかを知りたがっているが、これがその疑問への答えだ。

相手が攻撃的になったり、身構えたりしていると感じたら、あなたの意図をしっかり説明して相手の誤解を解き、話し合いの基盤をつくろう。

もちろん会話の途中でも、相手が見下されているように思っていると気付いたら、コントラストのテクニックを使うことができる。あなたにそういう意図がなくても、とにかく相手がそのように感じたのなら、このように応じよう。

「責めているように見えたのなら申し訳ない。あなたが意図的だったとは思っていませんよ。たぶん、あなたは自分の行動のインパクトに気付いていなかったのでしょう。だからそのことを最初に取り上げたかったんです」

共通目的を立てる

責任ある会話の最中に、ふとしたきっかけで急に険悪な空気になることがある。それは通常、相手があなたの話の「内容」ではなく、「意図」を誤解したためだ。あなたはただ、相手を尊重しながら話を進めて、信頼関係を維持しながら業績のギャップを解決したいと思っているだけだ。しかし不幸にも、相手は違うことを考えている。あなたがギャップについて話をするのは、自分に恥をかかせるためだと信じている。さらに何か悪いこと、プライドを傷つけられ、屈辱的な思いをさせられるのではないかとおびえているのだ。そして相手の頭のなかで計算が始まる。

相手があなたの意図について最悪のストーリーを組み立てる。それが頭のなかを駆け巡ると、怒りが込み上げて感情的・防御的になる。手足の筋肉に血液が集まり、本能的な闘争・逃走反応への準備が整う。

そうしてわずか数秒のうちに思考能力が失われ、最悪の行動を始める。いったんアドレナリンが放出されてしまうと、話し合いが成功する見込みはゼロに近い。何を言っても、相手はそこから悪意を嗅ぎつけるのだ。論理的に考える力もなくなっているから、話し合いが通用しなくなる。

こうなってはお手上げだ。話し合う前から相手が意図を悪意に解釈しているようなら、「共通目的を立てる」という第二の方法を使おう。

問題について話し合う前に、共通の土台をつくろう。相手にあなたが悪意を持っていないことを知らせる。つまり、あなたの目標はギャップを埋めることにあり、お互いにとってプラスになることだと理解させるのだ。あなたにとってだけでなく、相手にとっても何が大切かを確認しながら、共通目的を立てよう。

たとえばこんなぐあいだ。

「もしかまわなければ、この前の決定についてちょっと話し合いたいんですが。私たち双方にとって快適な方法を相談できればと思っています」

「ちょっと意見を言ってもいいかな。きっと君にとっても、会議をもっと建設的にするのに役に立つと思うよ。(ここでコントラストを入れる)。そう大きな問題じゃないけど、ちょっとだけ手直しすれば、もっと仕事がはかどると思うんだ」

注意 あなたの目標が自分にとって利益になるとしても、相手にとっては損になるなら、相手が身構えるのは当然だ。あなたが求めている変化が相手にとって短期的にコストを与えるようなら（その可能性は当然あるだろう）、全体にとっての長期的な利益を考えてから、共通目的を立てよう。たとえばこうだ。

「この問題が全社員に影響を及ぼすのではないかと憂慮しています。生産量を増やす方法を見つけないと、競争力を失うでしょう。得意先はすでに代替メーカーを検討しており、当社は操業停止に追い込まれる可能性もあります。（ここでコントラストを入れる）。社員の皆さんに心身の負担をかけようとは思っていません。無理な計画は長続きしませんから。ただ、皆さんの可能な範囲で、より着実な計画をつくりたいと考えているのです」

許可を求める

ギャップが一種のタブーとなっているものだったり、とくに敏感な話題であったり、あなたの立場では通常は触れたがらない話だったりする場合は、問題にする前に許可を求めよう。腰は低い方がいい。事前の許可なく微妙な話題に首を突っ込むべきではない。許可を求めることは、相手への敬意を示す強力なサインでもある。あなたが地位のある人間なら、とくにこれは有効だ。あなたの意図に悪意があるかもしれないと疑っている人々を味方に付けることもできる。

一対一で話す

これは言うまでもない。責任ある会話はつねにプライバシーに配慮しよう。ギャップを見つけた現場がどこであっても、あなたの部屋か人目に付かない場所で、一対一で話をする。話し合いを見世物にしてはならない。子どもも同じく、友達の前で叱ってはならない。また、ディナーパーティーの席で配偶者とやり合ってはならない。給湯室で友人や家族、部下、上司のうわさ話をしてはならない。必ずプライベートな場所で、一対一で面と向かって話をしよう。この原則を守るとともに、次のような行為は慎むべきだ。

不適切なユーモア

人前で冗談交じりに相手を罰してはならない。たとえばこんな調子だ。「おや、誰だ、今ごろ来たのは。会議室の場所を忘れたのか?」

これが癖になると、直すのはなかなか難しい。人前でうまく相手をやり込める技術を身に付けるには何年もかかる。それとなく笑いを誘いながら、ずばりと核心を突く知的なユーモアを放つのは至難の業だ。だったら、辛辣な皮肉はやめておこう。

グループ全体を批判する

個人的な違反をもとに、会議や公の場でグループ全体を批判してはならない。この卑劣なやり方は二重の意味で失敗することが多い。第一に、問題を起こした当人は自分のことを言われているとは気付かないかもしれない。第二に、無関係な人たちが巻き込まれて不愉快な思いをする。あらためて言うが、責任ある会話は必ず一対一で、プライバシーが守られた場で行うべきだ。

安心感を与えるスキルを組み合わせる

相手を安心させるスキルは組み合わせることで、責任ある会話を始めるときの役に立つ。とくに微妙な問題を扱ったり、相手の地位が高いケースでは有効だ。たとえば、身構えている上司と会話する場合、どのように安心感を与えたらいいだろうか。

ウォーリーのケース

コミュニケーション能力の高さに定評があるウォーリーというマネジャーの事例を取り

上げよう。彼が一年かけて準備してきたプロジェクトについて説明していると、CEOはかたくなになり、プロジェクトを攻撃してくる。以下のやりとりは二人の実際のやりとりを文字にしたものだ。

CEO　データの収集に三カ月もかかるだって？　ばかげている。これ以上データなどいらんから、とにかく動いた方がいいだろう。

CEOがいきり立っている理由が、ウォーリーにはわかっていた。この件から手を引けというサインではなく、安心が脅かされたために腹を立てているのだ。CEOはウォーリーが彼の地位と利益に敬意を払っているかどうか確かめたかったのだ。そこでウォーリーはこう応じる。

ウォーリー　そうですね、私も時間とリソースを意味のないものに投入したくはありません。もしデータ収集が無駄なら、ただちにプランから省きましょう。納期が迫っていることはよく承知しています。最終的にはCEOのご希望の線で進めたいと思います。

ここで相手を安心させておいて、ウォーリーは本題に戻る。

ウォーリー　とはいうものの、ここでデータ収集をやめてしまうと、否定的な影響を招くかもしれません。もしよろしければ、その点についてご説明してから、方針を決めていただければと思いますが。

ここでCEOは会話の進め方に安心感を抱き、ウォーリーの懸念について質問する。最終的にCEOはデータ収集を続けることに同意し、次のステップに進むことを快諾した。

プロセスを共有する

ギャップを説明するための二番目のステップに移ろう。まずは相手を安心させ、会話しながら相手が不安になっていないかを観察する。必要なら先回りしてコントラストを使い、共通の土台を固めておく。相手が安心できたようなら、ギャップについて話す番だ。

よくある失敗

では、実際にどんな言葉から話を始めればいいだろうか。ここでは我々の最もお気に入りの調査対象であるブルーノに学ぼう。ブルーノは、この研究を始めたときに最初に観察したリーダーたちの一人だった。彼を指名したのは優れたスキルを持っているからではなく、一貫して悪い見本として、あらゆる失敗と誤りの実例を示してくれるからだ。

曖昧な言葉づかいで相手を惑わさないこと

始業から一〇分後、我々著者グループはブルーノに案内され、多くの技術者たちが働くフロアを見学した。細かく仕切られたパーティションのあいだを練り歩く。

「ほら、見てください」。ブルーノは部下の一人に近寄ると、意地悪くクスクスと笑った。そしてハゲワシのようにその周囲をぐるりと一回りすると、うんざりしたような表情で首を左右に振り、小声でぶつぶつ言いながらその場を離れた。

技術者の顔にはおびえの色が浮かんでいる。

「つねに部下を緊張させておくのが私のモットーです」。ブルーノが説明した。その言葉どおり、四時間にわたって彼は一言も明確な指示を発することなく、「しゃきっとしろ」、「バシッと決めろ」、「それじゃあ台なしだ」、「姿勢が肝心だ」などという曖昧な言葉遣いで部下を駆り立てた。

誰もその言葉の意味を理解できない。ブルーノは相手を操ろうとして、わざと曖昧な言葉づかいをしているのだが、その戦術はほとんど効果を持たないだろう。曖昧な指示は、ある種の拷問にすぎない。この例のように、わざと不明瞭な言い方を選ぶ人はあまりいないだろうが、理由が何であれ、曖昧さは責任ある会話の大敵だ。何に違反しているかが明

図表3-1

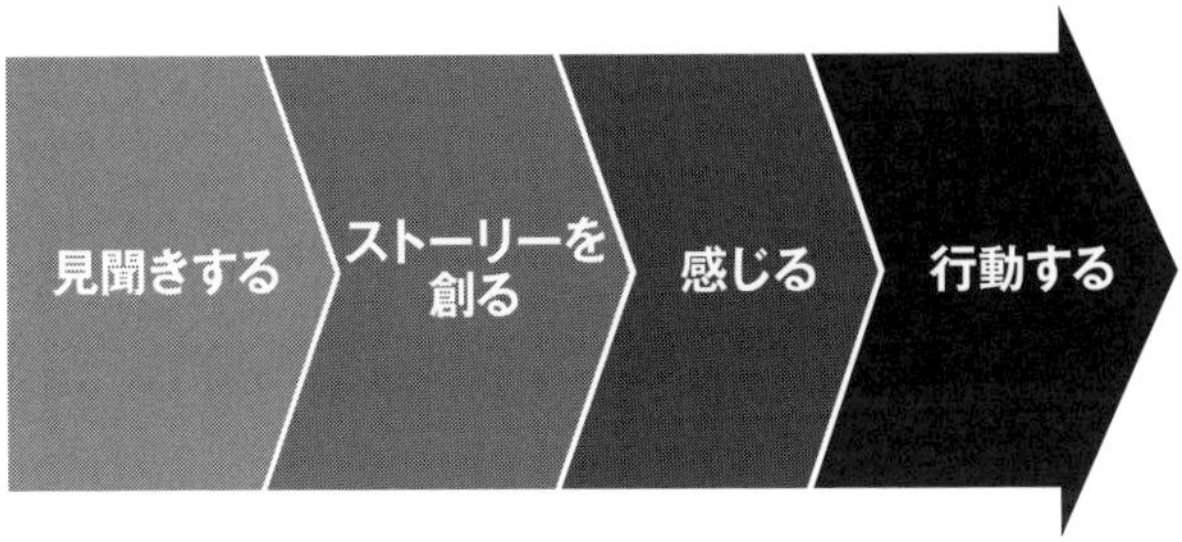

確でないかぎり、ギャップを埋めることもできないからだ。

モデルに戻る

何を話し合うかを明確にするため、もう一度、実行へのパスを確認しよう。これを見れば、人が問題を見てから行動するまでの流れがわかる。

第2章で紹介した上の図を思い出そう。相手の行為を見ると、人は頭のなかで相手の意図に関してストーリーを組み立てる。そして何らかの感情を抱いて行動に出る。ここで問題だ。あなたはどんなディテールについて話せばいいのだろうか。このプロセスのどの部分を相手と共有すればいいのか。行動か、結論か、それとも感情だろうか。また、どのようにしてプロセスを共有するべきだろうか。

厳しいストーリーは誤解のもと

人は責任ある会話に取り組む際、自分の判断やストーリーに沿って話を始める傾向がある。相手の意図を勝手に判断して腹を立てるのだ。主観的に、相手が悪意を持っていると考え、それを問題にしようとするのである。だが、そのような判断からスタートを切ると、ボタンをかけ違えることになる。たとえばこんな調子だ。

・「ひどいよ！　会議で僕のことをからかうなんて」
・「家族のことなんてどうでもいいのね。朝早くから夜遅くまで働いてばかり」
・「自信がなさそうだな。それじゃ、誰からも信用されないよ」

あなたがつくった厳しいストーリーを相手に話しても、相手にはあなたがこう思っているという結論は理解できるが、自分が何をしたのかはわからない。あなたが何について話をしているのか、想像するしかない。この方法は明確ではなく、誤解される余地が大きい。

事実から話を始める

一般的に言うと、プロセスを共有する際には事実から話し始めるのがベストだ。つまり、見聞きしたことをそのまま相手に言うわけだ。自分が組み立てたストーリーから話を始めてはならない。そうすると相手は身構えてしまう。その代わりに、相手がしたことを客観的に説明しよう。

•客観的に話す。頭のなかで想像したこと（君は失礼だ）ではなく、客観的な事実（君は話の途中で割り込んだ）を説明する。

•理由ではなく、事実を説明する。なぜそうなったのか理由を説明するのではなく（おじけづいたんだろう）、実際に起こった事実を説明する（声が小さくて聞き取れなかったよ）。

•事実を集める。友人や同僚の愚痴をこぼす人は、事実ではなく自分のストーリーを語っている可能性が高い（彼は傲慢だ、彼女は信用ならない、あの部署は身勝手だ）。こういうときは具体的な事実を確認しよう。相手が実際に見聞きしたことは何かを尋ねて、それを共有するようにする。

自分の頭のなかを考えてみても、元の事実が何かを思い出すのは簡単ではない。多くの人の思考はこんなプロセスをたどる。まず経験をし（あなたは自分のことばかり話して、私の話を聞いてくれない）、ストーリーを組み立て（あなたは傲慢だ）、感情をつくり（もう一緒にいたくない）、そして元の経験を忘れてしまう。相手のどのような行動が感情のもとになったのか、気付かないことすらある。このように、自分の思いを相手に理解させるため必要な事実関係が抜け落ちてしまうと、感情とストーリーに振り回され、責任ある会話ができなくなってしまう。

責任ある会話をするには、まず事実を集めること

結論に移ろう。事実を言うのではなく、曖昧で感情をあおるようなストーリーを語ったら、相手は感情的になるばかりだ。どの行動があなたの感情の原因になっているのか、これでは理解できない。共有すべきなのは事実だ。憶測でものを言わず、何が起きたのか、事実を客観的に説明しよう。

仮説としてストーリーを共有する

以上で見たように、他人の行動に悩まされ、約束を破られることもあるが、あなたが本当に苦しんでいるのは、相手に悪意があるのではないかと思うからだ。基本的な帰属の誤りを犯さないようにと注意していても、事実が積み重なると、善意にとることは難しくなる。先入観を持たないこととばか正直とは違う。

不動産会社のオーナーの話に戻ろう。オーナーが受付の従業員に腹を立てているのは、彼女がいつも遅刻するからではなく、彼との友情を逆手にとっていると考えたからだ。この問題が話し合いの核心テーマのようだ。少なくとも会話のための第一歩と言えるだろう。このストーリーについて話し合いたい場合、事実だけを話していても始まらない。

当然、事実だけでなくストーリーも相手と共有する必要がある。ただ、避けるわけにはいかないといっても、いきなりストーリーを言ってはいけない。まずは、事実から始めよう。事実関係の共有はあまり感情に左右されず、言い争いにもなりにくいからだ。次にあくまでも仮説として、あなたのストーリーや結論を告げる。ただし、断定的な言い方は避けよう。たとえば、「あなたは言った」ではなく、「お互いに了解したと思っていた」、「明らかだ」ではなく、「ではないかと思う」と言おう。たとえば次のような調子だ。


「マーサ、ちょっと気になることがあって聞くんだが、自分が考えていることが正しいかどうか自信がないので、確認したいと思ってね」

「いいわよ。どうしたの？」

「これまで四回ほど言ったけど、よく二〇～三〇分ほど遅刻してくるよね。それで最近……」

「前にも言ったけど、いつも時間どおりに来るのは難しいのよ」

「で、ふと思ったんだけど、僕らが友達でご近所さんだということが関係しているんじゃないかな」

「どういうこと？」

「うん、もしかしたら、友達だから遅刻してもどうせ厳しく言われないと考えているのかと思ってね。どうだろう。もし僕の考えが間違っていたり、気付いていないことがあるなら言ってくれないか」

あなたのストーリーが完全に間違っていることもあるだろう。だが、それがあなたを悩ませているのは事実だから、相手を安心させながら話ができるようベストをつくそう。その際には、自分が間違っているかもしれないというフェアな姿勢を示そう。

安心の問題に注意を向け続ける

注意　自分のストーリーを話し始めると、どれほど仮説として話しても、相手の反発を買うことはある。あなたが自分の息子にお金を盗まれたと思っていたら、いかに気を使って話をしても、次のようなやりとりになってしまうかもしれない。

あなた　財布から二〇〇ドル札が消えたんだが、この四時間、家にいたのはお前だけなんだ。お前がやったとは思いたくないんだが……。

息子　僕が泥棒だっていうの？　信じられない！（部屋を飛び出し、ドアを強く閉める）

このような反発に対処するには、まず相手が「安心を脅かされている」と思っていることとを理解しよう。つまり、問題は相手があなたの話を理解できないからではなく、あなたと話すことに安心できないからだ。だから、この件のポイントが安心にあるとわかれば、適切な行動がとれる。いったん引き下がって、相手を安心させよう。相手は自分が軽蔑されていると感じているのか、あなたに悪意があると思っているのか、あるいはその両方を推し量る。次にコントラストを用いて、相手の気持ちを落ち着かせるのだ。

あなた　お前が泥棒だなんて思っちゃいないさ。何が起こったのか知りたいだけだ。いま言った事実について、お父さんがどう思っているかわかるかい？　別に責めるつもりはないんだよ。ただ実際に何が起きたのかを知って、問題を解決したいだけだ。だから、一緒に考えてくれるかい？

このように自分のストーリーを話して相手が反発したら、不安を取り除いてやろう。話の内容から一歩引き下がり、安心感を回復するのだ。

質問で話を終える

相手を安心させて責任ある会話をスタートさせたら、次に安心感を保ちながら、相手とプロセスを共有する。今度は話を締めくくる番だ。話の最後まで、安心感を保つよう気を付けよう。最後は簡単な質問をして、相手の考えを診断する。「結局、何があったの？」。これは本心からの質問でなくてはならない。「いったいどういうつもりだ？」というような、脅しや非難の言葉であってはならないという意味だ。

期待を裏切られたことを説明して話を終わらせるにあたり、相手の見解を聞くことがあなたのゴールだ。安心感を与えることから話を始め、事実の詳細を提示すれば、相手は何が問題なのかを理解し、根本原因と最終的な解決策を話し合うことで心が安らぐだろう。

この誠実な質問を軽んじてはならない。これは会話の山場とも言える重要な瞬間であり、これまでに築いてきた安心感を下支えするものだ。あなたの真意が相手の考えを確認したいというものなら、このやりとりが独り言（モノローグ）ではなく対話（ダイアローグ）であることをわかってもらわなくてはならない。あなたのゴールは自分の正しさを証明したり相手を罰したりすることではなく、問題を解決することだ。そのためには、すべての事実を明らかにする必要があることを、相手に理解させよう。その結果、相手があなたとまったく反対の見解を持っていたとしても、それを語るよう誠実に促そう。

最後に、「何があったの？」という質問に対する相手の答えに、しっかり耳を傾けねばならない。

そして問題の根本原因を診断しよう。六つの影響要素のうちどれが働いているのかによって、解決策はまるで違ってくる。相手に意欲がないのか、それとも能力がないのか。タスクを行う能力のない人に意欲を与えようとしても意味がない。意欲のない人に能力を与えようとすることも同様だ。この問題にどう対処するかは、この後の二つの章で見ていくが、ここはとりあえず、根本的な原因に耳を傾けることを忘れないようにしよう。

難しい状況に対処するためのヒント

繰り返しを避ける

すでに述べたが、重要な問題なので再度強調しておこう。責任ある会話をしているときに、相手がギャップを単純化して問題から目をそらし、責任から逃れようとすることがある。同じ問題を何度も繰り返しているのに、それが初めてのような顔をする。

たとえばあなたの部下の販売部員が、顧客に対して原価を大幅に割り込んだ値引きを約束したとしよう。彼女は自分がコミッションをもらうために会社の利益を犠牲にしているのだ。先週、あなたがこの件について彼女と話し合った結果、彼女は価格設定に従うことに同意した。ところがついさっき、彼女がまた大幅なダンピングをしているという話を耳にした。あなたはこの問題に取り組むことにした。

「ルイーズ、先日の話し合いで、基準価格以下では商品を販売しないと約束したと思うけど、たったいま、君がまたダンピングをしていると聞いたんだ。僕の聞き間違いだろうか？」

ルイーズは、自分にはコミッションが必要なことを、あなたも理解してくれていると思っていたと答える。さて、どう出たらいいのだろうか。

真実の瞬間

あなたはいま、重要な岐路に立っている。目の前には二つの問題がある。一つは、価格設定の無視だ。これは内容に関するものだ。もう一つは新しい問題で、彼女があなたとの約束を守っていないという点だ。多くの人は、この二つの問題の重要な違いを見落としてしまう。もし価格設定の件についてだけ話をするなら、再び同じ問題に悩まされることになるだろう。問題の解決にうまく取り組む人たちは、そのことをよく知っている。新たな違反に対して、彼らはこのように対処する。

「私の理解が正しいか、ちょっと確認させてもらいたいのだが。あなたはもうダンピングをしないと約束した。でも、コミッションは欲しい。だからまた同じことをした。

　そういうことかね？」

　この一言を言うかどうかで、会話の方法は大きく変わってくる。ダンピングの問題についてだけでなく、約束違反についても取り上げよう。こちらの方がずっと大きな問題だからだ。

二つの例

　これまで見てきたスキルをどう働くのかを見るため、それらが一体となって活用されるケースを二つ挙げてみよう。部下が重要な会議に欠席したとする。そしてあなたは彼がわざとサボったとは考えておらず、頭のなかには何のストーリーもない。あなたは部下を自分の部屋に呼んで、安心させながらギャップについて説明し、最後を質問で締めくくる。

「クリス、出席する予定だった会議に欠席したそうだね。どうしてそうしたのかを知りたいんだ。何か問題でもあったのかね？」

　どうだろう。簡単な文章だ。相手を裁いているわけでもないし、何のストーリーも含まれていない。相手をプライバシーの確保された場所に呼び、事実だけを説明し（期待されていたことと、見たままの結果）、そして最後を質問で締めくくる。あとは根本原因についての診断を聞くだけだ。

もっと大きな問題について考えてみよう。あなたは上司に会議で起きている問題について話をしようとしている。上司が反発するかもしれないので、最初に安心させることから話を始める。そのために共通目的を確立し、コントラストを使う。

あなた　この数回、会議で積極的になれず、ご迷惑をおかけしました。その理由を自分で考えたのですが、部長の会議の進行スタイルに関係があるようです。あまり出しゃばったり会議の進め方に口を出そうとは思いませんが、ご相談できれば業績を改善できて雰囲気もよくなると思います。お話ししてかまいませんか？

上司　ああ、いいよ。どういう点が問題かね？

すでにあなたは上司の行動についてストーリーを組み立てていたので、プロセスを共有し、事実関係を説明した上で、あなたの仮説を伝えた。

あなた　今日の会議で私がコメントを言おうとすると、部長が手を挙げて私を制してお話しを始めました。そんなことが二、三回、あったのです。どういうおつもりかはわかりませんが、私にはまるで、私のアイデアはばかげているから黙らせてやろうというように感じられました。

上司　ああ、そんなことがあったかもしれない。だが、同意していないのに曖昧な態度をとるわけにもいかないよ。違うかね？

上司がちょっと反発したので、あなたは一歩引き下がり、安心させようとする。

あなた　いや、手心を加えてほしいと言うつもりはありません。お願いしたいのは、反対意見をおっしゃる際に、私に能力がないかのような印象を与えないようにしていただきたいのです（コントラスト）。もしや会議の場で私がお気に障るような言動をしましたでしょうか。あるいは、私の業績にご不満な点があればおっしゃっていただきたいのですが（質問で終わる）。

【この章のまとめ】

ギャップを説明する

この章では、初めて相手に話をする際の心構えを説明した。その目的は、相手を安心させ、それを維持することにある。悪意のある結論から話し始めたり相手を非難したりするのではなく（どちらも相手を不安にさせるだけだ）、ただ期待と結果のギャップを説明すればいい。つまり、期待していたことと実際に見聞きしたことを相手と共有するのだ。

一般的にはこのようなギャップを「期待に反する」とか「約束を破る」などと表現しているが、「反する」とか「破る」といった言葉は少々きつい語感を伴うので、ここでは「ギャップ」という、より中立的な用語を使った。

相手に抱いた失望感を意図的な違反ではなく、ギャップや違いという角度でとらえれば、失望感や怒りの感情を離れて、好奇心を持って会話を始められるだろう。期待と現実との違いを観察し、それを言葉で描写する。そうすることにより、「危険な出だし」を言葉の暴力から事実関係の説明へと変え、知りたいという意欲（相手を責めようとする燃え上がる欲望ではなく）を示すのだ。ギャップに注目することで、「危険な出だし」を堅実なスタートへと変えることができるのである。

まずはギャップについて説明したら、相手の話に耳を傾け、六つの影響要素のうちのどれが当てはまるか考えよう。問題の原因は意欲の不足のせいか、それとも能力が足りないのか、あるいはその両方だろうか。

- この章では、最初に何を言うべきかを検討した。その目的は、責任ある会話の「危険な出だし」をうまく乗り越えて、より安全に問題に対処できるようにすることだ。ここでは次のようなことを提案した。
  - 最初に相手を安心させる
  - プロセスを共有する
  - 質問で話を終える
- 以上、かなり詳しく説明したはずだ。出だしでつまずかないようにしてほしいからだ。

著者のビデオ：デビッド・マクスフィールド『The Law of the Hog』
これを含むビデオはhttp://www.vitalsmarts.com/bookresourcesで視聴できる。

次章では……

次は相手があなたを失望させた原因について説明する番だ。意欲がなかったのか、それとも能力が足りなかったのか。それによって問題の解決策は変わってくる。根本原因を知るには、もう少し慎重な話のやりとりが必要だ。

4 意欲を持たせる
――行動する気にさせるには

やる気にさせるにはどうしたらいいかって？　そいつの耳をつかんで走り出せば、体も自然とついてくるさ。

我々が問題解決のプロセスのなかでどこにいるかを確認しておこう。あなたの部下のマイラは、重要なタスクである品質チェックを最後までやり終えなかった。あなたはギャップを確認し、問題に対処するために何を話し合うべきかを考えた。これは最初の違反なので、問題の内容、つまりマイラが品質管理の仕事を中途でやめたことについて話をすることにした。あなたはマイラに敬意を払いつつ、話し合いに向けて首尾よく滑り出す。ここであなたが、ギャップについて問題点を要領よく説明すると、次はマイラが答える番だ。

診断を忘れない

ギャップの説明に対してマイラがどう答えるかで、あなたが次に何をするべきかが決まる。プロセスを決めるのは彼女であって、あなたではない。あなたは問題の根本原因を診断し、これからどう動くべきかを考えるのが仕事だ。これは意欲の問題か、能力の問題か、それともその両方だろうか。彼女が「指示されたやり方ではできませんでした」と言ったなら、「個人的」、「社会的」、「組織的」という能力の三つの要素のうちどれが作用しているのか、その理由を考える必要がある。「品質管理みたいな小さなことで何を大騒ぎしているんですか？　そんな仕事、やる意味がわかりません」と答えたなら、意欲に問題があると考えるべきだ。意欲に関わる三つの影響要素のうち、どれが当てはまるのだろうか。

問題の原因を浮かび上がらせて、すべての根本原因を解決するには、かなりのスキルが必要だ。もし能力的なカベを一つでも見落とせば、相手の協力は得られない。根本原因は意欲の欠如にあると誤解すると、話し合いは間違った方向へと進んでしまう。さらに、脅して意欲を引き出したり、強制的に能力を引き出そうという願望は抑える必要がある。どちらの手法も手っ取り早く、魅力的かもしれないが、うまくはいきそうにない。

だんだん複雑になる

次に、ギャップが生じるさまざまな原因を探っていこう。話はだんだん複雑になる。だが、責任ある会話に取り組んで成功している人たちのベストプラクティスを見習えば、あなたもきっと満足いく結果が得られるはずだ。

マイラは少し口ごもってから、「実は、仕事に興味が持てないんです」と言うと、こう反問した。「何を大騒ぎしているんですか？　そこまでしてやる価値があるんですか？」

この反応から、彼女は意欲を失っていると考えるだろう。意欲をなくした人の反応は、他にも次のようなものが考えられる。「私にはもっと大事なことがあります」、「この仕事に就いたのは私の意思ではありませんでした」、「評価と関わりのない仕事をやるつもりはありません」。いずれも暗に「自分はやりたくない」ということを示しており、基本的に意欲に問題があることがわかる。

では、どうしたらマイラに意欲を持たせられるのか。相手との力関係や地位がどうであれ、約束したことをやるように心に訴えかけて、やる気にさせる方法はあるのだろうか。

ヒントはこうだ。あなたに力があるかどうかは、あまり関係がない。つまり、たいていの場合、力によって相手に意欲を与えようと考えれば考えるほど、うまくいかない可能性が高いのだ。これからその理由を説明しよう。

意欲の問題を軽く見てはならない

誰かがわざと期待を裏切り、自分が何をしているのかもはっきりわかっている場合、あなたは相手を身勝手な人間だと思うことだろう。たとえば、あなたが高校生で、今日は卒業記念のダンスパーティーに出かけるとする。ところが、待てど暮らせどボーイフレンドが迎えに来ない。約束を忘れたわけでもないし、体調が悪くなったわけでもない。あなたが着飾って玄関先のポーチに座って待っていると、目の前を真っ赤なムスタングに乗ったボーイフレンドが、声もかけずに通り過ぎる。隣にカリフォルニアから転校してきた女の子を乗せて、大はしゃぎだ。彼は土壇場で心変わりしてしまったのだ。

相手の動機について考えるとき、人は理性的な態度を失いやすい。約束を破られると、わざと自分を傷つけようとしているのだと思い込んでしまう。相手はなぜ自分を苦しませるのか。なぜなら無神経だからだ。自分とは目的や考え方も違うのだ――。そう思っていると、人生は最悪のものに思えてくる。逆に、友人や家族、同僚、上司と同じ考えを持ち、夢や目的を共有できるなら、明るい人生が開けてくるはずだと考える。

本当の「意欲」とは何か

そのため、相手が故意に約束を破ったせいで自分が傷ついたと思うと、何が何でも相手に意欲を持たせたくなる。意欲の有無が、すべての判断基準になってしまうのだ。そこで相手の意欲を奮い立たせようとして無我夢中になる。力ずくで相手のエゴを攻撃したり、何か秘密のトリックを使ってそれとなく相手を操ったりすれば、意欲を持たせられるように考えている。つまり、モチベートとは「自分が欲することを相手が自ら望んでやるように仕向けるテクニック」のことだとでも思っているのだ。

もちろん、そんな考えが通用するわけはない。さらなるトラブルが待っているだけだ。「自分が欲することを相手が自ら望んでやるようにさせる」ことが自分の使命である、という恩着せがましい思い込みも、問題をはらんでいる。自分が望むことはつねに正しい――自分は全能者である、ということを前提にしているからだ。

人に意欲を持たせる方法に関する、このような古くさくて歪んだ見方は、いまも改まっていない。カリスマ性のあるリーダーが適度に脅しをかけて自分の意見を押し付ければ、人はやる気になると思われているのだ。だが、これはまったく誤った考えだ。

そのようにすれば人に影響を与えることができると思い込んだ結果、次のような態度が染みついてしまうことになる。

駐車場の侵入者

あなたのアパートには、エントランスのすぐ右手に専用駐車場が付属しているので非常に便利だ。ところが上の階に住む一家には子どもが三人いて、三人とも車を持っているが、あなたの駐車スペースにしょっちゅう車を止めている。そのため、あなたはしばしばワンブロック先の駐車場に車を置いて、雨の日などは重い足取りで長い距離を歩かねばならない。彼らはわざとそうしているのだろうか。こうなったら全米非行少年協会に寄付をして、彼らを指導してもらおうかとさえ思うようになった。

少年たちとその両親には、一度この話をしたことがある。あなたなりにベストを尽くし、愛想笑いを浮かべ、泣き落としをした。それが功を奏したか、彼らは心の底から反省の色を浮かべた。その姿にあなたもハートがジーンときた。しかし、その効力はわずか一二時間しか続かず、その後は元の木阿弥だった。結局、彼らはあなたに注意されたことを反省したにすぎず、自分たちが問題の原因になっていることを反省したわけではなかったのだ。

そこで、あなたはこんな選択をした。きつく言えば彼らの態度は変わるかもしれない。だが、自分はそんなタイプの人間にはなりたくない。もっと寛大な人物なのだ。そこで、いったん譲歩して、大きめの傘を買う。たとえずぶ濡れで駐車場から歩いたとしても、決して偏屈な意地悪にはなるまいという考えに自己満足を覚えた。あんな愚か者たちは、ただ軽蔑すればいいのだ。彼らにいちいち煩わされる必要はない。

だが、このような考え方は間違った二分法へとつながる。いまの問題ある状況に耐えるか、力と脅しで相手を動かすか、そのどちらかしかないと考えるのだ（例の沈黙を導く計算式だ）。だから、ここでおとなしく沈黙することを選んだからといって、卑怯だとは言えない。言葉や力で脅すより、道徳にかなっているだろう。

しかし、さらに問題がこじれたら「目的が手段を正当化する」という考えが頭をもたげるかもしれない。あなたを困らせている愚か者たちが恐怖におののくことになったとしても、それは駐車場のせいであって、あなたの誤りでない。人間を行動へと駆り立てるのは恐怖だと信じているあなたは、沈黙の代わりに暴力に訴えても、それを心のなかで正当化してしまえるのだ。

意欲の根源を探る

多くの人の思い込みとは逆に、効果的に人をやる気にさせるには、力を振りかざしたり恐怖心をあおったりする必要はない。ましてや、自分には人を発憤させるさまざまなテクニックがあるなどと考えてはならない。あなたは奇跡的能力を備えた英雄ではないのだ。そうした思い違いはトラブルの元である。

先に紹介したポジティブな逸脱者、現場監督のメリッサのことを思い出そう。体重五〇キロもない小柄な体では、人を威嚇することもできず、肩書や地位をひけらかすこともない。なのに、彼女は非常に大きな影響力を持ち、工場で最も有能なマネジャーと言われている。事実、権威や力は人の意欲に何の影響も持たない。逆に、権威もないのにずっと地位が高い上司の意欲を引き出す人もいる。

意欲というのは、実際にはかなり平凡なものだ。強力な影響力やカリスマ性とはほとんど関係がない。むしろ意欲は期待、情報、コミュニケーションに支えられている。

予測がすべてを変える

では、一つの単純な真実を前提に、意欲についてより正確に説明をしていこう。単純な真実とは、「人はつねに意欲を持っている」ということだ。つまり、「あの人には意欲がない」という言い方は明らかに間違いだ。まず、人が筋肉を動かすのは、何らかの意欲が働いた結果だ。次に、意欲は脳の働きがもたらすものだ。人がある行動を起こすのは意欲があるからに他ならない。第三に、意欲は人間の内外のあらゆる要素から影響を受けている。

人間の脳と周囲の環境は、次のような仕組みで行動を促す。人間は予測を立てる動物だ。

何をするか決めるときには、未来を予測して「この行動は何をもたらすのか?」と自問する。そして二つの行動のうち一つを選択するのは、その行動が最善の結果をもたらすと考えるからだ。どのような行動もよい結果と悪い結果の二つの組み合わせを伴うから、人を行動に駆り立てるのはその行動がもたらす結果の総計である。だから人の行動を変化させたければ、いまの行動より別の行動の方がよりよい結果に結び付くことを納得させる必要がある。

つまり、人に意欲を持たせるとはこういうことだ。まず、行動した結果に対する相手の予測を変化させる。するとそれに伴って相手の行動も変わる。

では、どうやって結果に対する予測を変えればいいのだろうか。いまの相手の予測は不正確・不十分だとわからせるには、どうすればいいのか。

三つの間違ったアプローチ

ここで一つ確実なことがある。最もよく使われる手法であるカリスマ性、力、報奨は、実はあまり役に立たないということだ。確かにこれらの手荒なアプローチも人の考えや行動を変える可能性はあるが、危険を伴う上、その効果も長続きしない。それでもこれらの手法は根強い人気があり、リーダーシップといえばこの三つを思い出す人も多いだろう。以下、それぞれの手法について考えてみよう。

カリスマ性に頼らない

では、神話を突き崩していこう。人に効果的に意欲を持たせるには、相手に畏敬の念を抱かせる必要はない。人間の日常的な行動を動機付けているのはカリスマとは縁遠いさりげない要素であり、新聞ダネになるような大げさなものではない。にもかかわらず、カリスマ性の神話はいまも根強く信じられている。本、テレビ、映画などでは、ハッと息を呑むようなシーンが肯定的に描かれ、称賛される。冷戦時代にテーマをとった映画『クリムゾン・タイド』では、デンゼル・ワシントン演じる海軍将校が世界の運命のカギを握る若い通信士に対して「大演説」をぶつ場面がある。

通信士は本国からのミサイル発射命令の有無を確認するため、潜水艦の無線を起動させねばならない。それに失敗したら艦長は核ミサイルを撃たざるを得なくなる。当然、敵は報復して世界は破滅することになる。

現実にそんなことがあれば、通信士はプレッシャーで気絶してしまうかもしれない。だから賢明なリーダーは部下のストレスを軽減させることに力を傾けるものだ。しかし、シナリオライターも人間だ。基本的な帰属の誤りを犯し、通信士を何のサポートもいらない存在として描いている。彼に必要なのはインスピレーションだ。彼が無線を修理した形跡はない。というのは、世界を破滅から救うよりも大切なことがあったからだ。

デンゼル・ワシントンの情熱的な演説に耳を傾けることだ。感涙を誘う演説を聞いた通信士は同僚に向かって、ゲームなどやる暇があったら核戦争の破滅を避けるために全力を傾けろと伝える。

デンゼル・ワシントンの演説に通信士がしっかりと呼応する。そして観客は拍手喝采だ。カリスマ性は確かにドラマにはなるが、現実のリーダーシップとはほとんど関係がない。あなたが影響力を持つにはカリスマ性は必要ないので、安心してほしい。

力に頼らない

二つ目の大きな間違いは、力についてだ。痛みを伴うむき出しの暴力は、相手の体を動かして何かさせることはできるかもしれないが、心まで動かすことはできない。心を変えるには、理解を広げて新しい認識を得るしかないからだ。権威をかさに着た目に余る虐待がもたらすのは、その場かぎりの苦い服従だけだ。

この単純明快な事実を言うためにわざわざページを割いたのは、ほとんどの親やリーダーたちが意欲を引き出す手段として、むき出しの力に真っ先に頼っているからだ。相手の考えを変えるには、言葉で丁寧に言って聞かせるよりも、苦痛とともに新しい考えを注入することがいちばん簡単だと信じている。やり方が単純で簡単に実行できるからだ。たとえばこんなやり方だ。

- 「納期に遅れたらクビだからな！」
- 「次に口答えしたら、夏休みは遊びに行かせないよ」

なぜ本能的に力に頼ってしまうのか

先に述べたように、人間は他人を見る際に、置かれている状況よりも属性で判断する傾向がある。自分に苦痛を与える者は本質的に悪い人間だと考えてしまうのだ。苦痛が大きければ大きいほど、相手の性格もますます悪いと思い込む。生まれつき身勝手な性格で、わざと迷惑をかけているのだ、少なくとも無神経だと考える。これが厄介なところだ。相手は生まれつき身勝手に振る舞うことしかできない性格で、それは遺伝的なもので変えられないと信じ込んでしまう。

人に影響力を与えようとするとき、相手の行動を性格によるものと見るとどうなるか。こちらがどれほど長く忍耐を重ねても、相手の性格は変わらない。元気づけるような話をしても、自分の立場を変えようとしない。何を言っても、生まれつきの性格を変えようとはしない。というか、変えられないのだ。

ここで登場するのが、乱暴な論理の飛躍だ。根深い性格の欠陥を直すには、脅しを使うしかないと考えるのだ。さて、駐車スペースを占領する兄弟たちにも、年貢の納め時が来たようだ。

警告 あなたは愚かな行動をとろうとしている

力に頼るしかないという考え方は、何を意味するのか。そう思ったら危ない証拠だと考えよう。力に頼りたくなるのは、自分の考えが間違っている証拠だ。コメディドラマ『となりのサインフェルド』でジョージ・コスタンザが言うように、これは「彼らの問題じゃない、僕らの問題だ」

もちろん、問題の始まりは相手の意欲のなさにある。意欲をかき立てようと何度試してもうまくいかない。ついには腹を立て、問題解決のためには力を使うしかないと確信し、それを実行に移す。そんなときはアドレナリンが放出され、低レベルの爬虫類〔lizard〕脳があなたを支配しているのだ。

相手を変えるために力に頼ろうと思ったら、心のなかでアラームを鳴らそう。そこで思いとどまらないと、自分が代償を払うことになる。

力の代償

力に頼ると人間関係が壊れる

相手に影響を与えようとして力を使うたび、とくにそれが恣意的で軽率な場合は人間関係を壊すことになる。お互いの信頼と敬意に基づいた健全な関係が、監視の目が張り巡らされた警察国家のように変化してしまうのだ。

力で部下を従わせようとすると、職場は荒れ果てて人々は孤立し、尊敬と友情は消え去ってしまう。和やかにあいさつしたりお互いに助け合ったりする雰囲気もなくなり、共通の目標に向けた協力の精神も消える。

人をやる気にさせようとして力に頼るのは、このように最低の結果をもたらす。人間関係は完全に変わり、あなたも尊重に値するパートナーから恐ろしい警察官に変身してしまう。その代償は大きい。

力は抵抗を生む

人に影響を与えるために手っ取り早く力に頼ると、相手は直感的にあなたの考えを察する。自分には悪意があるように見られていると考えるのだ。そしてあなたは相手を尊重しておらず、自分の目標しか頭になく、相手のことはどうでもいい――そのように相手から思われることになる。すると安心感が失われてしまい、相手の反発を呼ぶことになる。相手はあなたに抵抗し、心から受け入れることはない。だから、あなたは部屋を出るたび、相手が言いつけを守っているかどうか疑心暗鬼になる。性急に力に頼ったために安心感が破壊され、力なしには問題の解決ができなくなる。同時に、健全な責任ある対話もうまく機能しない状況になってしまうのだ。

力は長続きしない

一九三〇年代半ば、ドイツの心理学者クルト・レヴィンらの優れた研究により、力の行使が長期的な影響力につながらないことがわかった。レヴィンらはリーダーたちに指示を与え、権威的タイプ、放任タイプ、民主主義タイプの三つの型のリーダーシップからどれか一つを使わせた。被験者は指示されたスタイルで現場のチームを率いる。予想どおり、力に頼る権威的タイプは、リーダーが職場にいるときには最も高いパフォーマンスを上げたが、リーダーがいなくなると生産性は最も低くなった(1)。恐怖心によって仕事をしていると、恐怖が消えると同時に指示に従おうとする意欲まで消えてしまうのだ。

報奨に気を付ける

最後の誤りに移ろう。元々意欲を持って行動していたら、軽々しく外因的な報奨を与えてはならない。子どもが好きでやっていることに報奨を与えるとどうなるか、多くの親が失敗から学んでいる。

たとえば子どもにゲームやスマートフォンをやめさせて読書好きにさせるには、どうすればいちばんいいだろうか。親の多くが読書をしたらお小遣いを渡している。お金をあげて読書をさせていれば、そのうち読書自体が好きになるだろうという考えによるものだ。だが残念なことに、外因的な報奨を与えると内因的な満足感が奪われてしまう。子どもはお金のために読書をするようになり、読書自体が好きになるわけではない。だからお金をもらえなくなったとたんに本を読まなくなってしまう。

同様に、もしルーチンの仕事に意欲を持たせて能率を高めようとして特別な報奨などを与えていると、仕事自体の満足感がむしばまれて破壊されてしまう。おまけに仕事自体が持つ正当な価値も見えなくなってしまう。つまり、ルーチンの仕事に外因的な報奨を与えると、目的に混乱が生じるわけだ。特別な報奨を与えるのは、特別な業績を上げたときにかぎるべきだ。

解決策

力、報奨、カリスマ性に問題があるのは、それらが全く役に立たないからではないし、決して使うべきではないと言っているわけでもない。それらを安易に使う人が多いという

図表4- 1

	意　欲
個人的	何をするか
社会的	周囲からの プレッシャー
組織的	アメとムチ

点だ。他にもっとよい方法はある。たとえば有能で影響力のある親やリーダーたちは、教える能力を使っている。彼らは本能的に本書の第2章でとりあげた影響要素モデルを部分的に使って指導をしているのだ（上図）。

自然な成り行きを探索する

責任ある対話のうまさで上司や同僚から一目置かれている人（ポジティブな逸脱者）を見れば、彼らが相手の心を変えることで考え方を変えていることがわかるだろう。

有能なリーダーは権威や報奨を使えば人を動かせることは知っている。だが彼らは同時に、むしろ個人的意欲・社会的意欲・組織的意欲という三つの領域のなかに、リーダーが操ったり脅しをかけたりすることなく相手の意欲を引き出すための、はるかに効果的な要素が隠されていることもわかっている。

では、人を動かす要素とは何か。それは行動に伴う自然な成り行きだ。たとえば、もし糖尿病をうまくコントロールできなければ、将来的に手足の切断に至る可能性が高い。部下が責任を持って仕事をしなければ、上司はどんな結果が出るかヒヤヒヤして、余計なストレスを抱えることになる。ベッドをともにする気がない妻に対して皮肉を言って感情を損なえば、爬虫類脳が告げる予想とは逆に妻はますます遠ざかり、自然な愛情が冷めてしまうだろう。これが自然な成り行きだ。

人間のあらゆる行動は一連の出来事へと発展し、それが一人から数百万人に影響を及ぼす。この一連の出来事は一つの結果を生み出すが、その自然な成り行きは、上司や親など権威ある人々の介入とは無関係に必然的に起こるものだ。それを利用すれば、力や報奨やカリスマもいらない。親は小言を言う必要はなく、上司は部下に懲戒をちらつかせる必要はない。自然な成り行きはどの行動にも必ず存在し、人に意欲を持たせる要素となる。

もちろん、自然な成り行きがつねに意欲をもたらすわけではない。たとえばこれはどうだろうか。

「ジミーの話をさえぎったら、彼は気を悪くするだろう」

「いいさ。彼のことは嫌いだから」

人が行動を選択するのは、その成り行きを予想するからだ。賢明な影響者は行動の成り行きに十分に目を配り、それを提示して相手の意欲につなげる。彼らは相手にとって重要な成り行きを探し当てるまで検討する。あなたも健全な話し合いを維持しながら、自然な成り行きに目を向けさせることが大切だ。

成り行きに目を向けさせる

自然な成り行きを探索するにあたって最初に行うべきは、相手には見えない（または思いつかない）成り行きが目に見えるよう手助けすることだ。というのは、ある行動の成り行きは多数あり、それは長期的なスパンで起きたり、見えないところで起きたりするからだ。成り行きに目を向けさせるためには、次の六つの方法がある。

相手の価値観にリンクさせる

相手と成り行きについて話し合う際には、その人がいちばん大切にしている価値観に注目しよう。どんなことをいちばん気にかけているのか。そこがいちばん重要なポイントだ。次に、あなたが提案しているやり方ならば相手の価値観からいってもプラスになることをわからせる。相手が十分に安心できていれば、どんな問題でも気軽に話せることだろう。二度のバイパス手術を受けていながら過食がとまらない配偶者との会話を例にとってみよう。

「ねえ、このままの食生活を続けていたら、僕が一人で子育てをしなくちゃいけなくなるかもしれないよ。君も子どものことは心配でしょ？　どう思う？」

これは配偶者の食生活を変えようとしている場面だが、小言を言ったり攻撃したりするのではなく、協力して子どもを育て上げるという相手の大切な価値に行動の成り行きをリンクさせている。

目の前の利益と長期的な苦痛とをリンクさせる

いま楽しんでやっていることが、長期的には問題を引き起こすことをわからせる。これは子育ての場面では非常に重要だ。

「このままテレビを見続けて宿題をやらなかったら、成績が落ちていい学校に行けないし、いい仕事にも就けなくなるよ。いっぱい給料をもらわないとポルシェだって買えないよ」

ここまで畳みかけて言う必要はないかもしれないが、少なくとも頭のなかでこのプロセスを組み立てておき、最終的には子どもと共有しておきたい。ポルシェの部分はもちろん入れ替え可能だ。

この長期的に見てネガティブな結果を示す方法は、仕事の場でもよく使われる。

「私のスケジュールにアポイントを入れるたびにダブルチェックするのが面倒なのはわかるがね。このところミスが多くて、他の役員秘書たちが確認の電話をしてくるんだ。この問題を解決しないと、あなたの評判が傷つくんじゃないかと心配なんだよ」

長期的な利益に焦点を当てる

これは子育てのもう一つのポイントだ。長期的な成功をもたらす最良の道でもある。いま少し我慢して長期的な目標のために満足を先延ばしすることができれば、人生はずっと成功に近づく。これはダイエットでも、ウエートトレーニングでも、勉強でも応用可能だ。

嘘だと思うなら、ある実験について考えてみよう。子どもの前にマシュマロを置き「私が戻ってくるまで我慢できたらもう一個あげるよ」と言って部屋を出る。その子たちを数十年にわたって追跡調査した結果、我慢できた子たちはすぐにマシュマロを食べてしまった子たちよりも、あらゆる面ではるかに成功した人生を送っている。(2) 最終的な目標を見失わないようにするために、次のように言って短期的なことよりも長期的な利益に目を向けさせよう。

「子どもたちが片付けないのが我慢ならないのはわかるけど、細かいことは放っておいた方がいい。そうしないと親子関係が難しくなると思うよ」

目に見えない被害者を紹介する

これはおそらく結果を説明する方法で最もよく使われているものだ。ある行為が知らず知らず周囲に及ぼしている影響を明らかにする方法だ。仕事の場でなら、会社の関係者に与える影響を注意深くはっきりと説明する。

「君が規則を守らなかったせいで、同僚や顧客、株主、上司にこんな影響が出ているんだよ」

子どもに対してであれば、自分の行動が家族にどんな迷惑をかけているかを説明する。

「ルイーザ、弟のことでイライラしているのはわかるわ。でも、あなたからデブだってからかわれてから、あの子はずっと部屋で泣いてたわよ。つきまとってほしくないだけで、傷つけるのが目的じゃないでしょ?」

鏡にかざす

ある行動が社会にどう関わっているかをわからせるには、相手の行為が周囲からどう見えているかを説明する。「チームの成果などどうでもいいと思っているように見えるよ」というぐあいだ。相手がどんな印象を与えているか説明する際は、立場によって見え方が違うことを思い起こさせよう。

現実の報奨と結びつける

この方法を最初から使うのは最善とは言えないが、最終的には報奨という手段も必要になるかもしれない。期待に応えることが、出世や影響力の向上、賃金上昇、リスクの回避などに役立つことをわからせよう。

「アート・ディレクターになりたいと言ってたね。だったら編集スタッフや撮影チームといい関係をつくることだね。そうすれば希望が実現する可能性が高まるし、なってからも成功できるだろうよ」

会話を続ける

結果に目を向けさせるために最善を尽くしながら、会話を続けよう。率直で自由な雰囲気で話し合い、情報をやりとりしよう。

結果を脅しに使ってはならない

自然な成り行きを説明することは、もちろん相手を脅すこととは違う。だが、その境界線がはっきりしないこともある。悪い意図を持っていれば、会話は脅しとなる。相手を罰しようとしたり、不適切な行動が引き起こす結果を説明しながら自分が楽しんでいるようなら、それは脅しといえる。話し合いをするときは、双方の利益になるよう問題を解決する意図を持つべきだ。そうでないかぎり相手の沈黙や暴力につながり、自分から進んで望ましい行動をするようにはならないだろう。

あなたが善意から自然な成り行きについて説明したのに、相手がそれを脅しだと誤解するような場合、問題は難しくなる。「納期に遅れるようなことがあれば会社全体の利益を守るために、あなたにはこの仕事から外れてもらいます」という言い方は、相手に個人攻撃の印象を与え、仕事を奪われる脅威を感じさせる。

前の上司との関係が原因で、相手が不安を感じるケースもある。そういうときは良好な関係をつくろうと手を尽くしても、相手はあなたが自分を操ろうとしていると感じるかもしれない。相手の不安に気付いたら会話をいったん中断して、あなたの真意を伝えて相手を安心させるようにしよう。その際には、話し合いの目的が重要な問題の解決にあることを伝え、相手の行動の成り行きを説明するとともに、それに対する相手の意見を求める。自然な成り行きを話すことが相手を脅かしているようなら、まずは安心感をつくりあげることに留意しよう。

自然な成り行きについて、相手の考えも聞く

相手にも役割を与えよう。自然な成り行きがどうなるかを説明してもらうのだ。相手はあなたが知らないことを知っているかもしれない。「お望みのようにやることはできますが、もしかしたら異論が続出する可能性がありますす」。話し合いのなかで相手からそんな意見を聞けば、あなたの見解が修正を迫られることもあるだろう。最終的にあなたの意見を押し通すべきではないという結論に至るかもしれない。

相手が納得したところで説明を終える

相手に成り行きが見えるように手助けするにしても、相手が納得したと思ったらそこで説明はやめる。あなたの仕事は次々と情報を与えることではない。相手が行動の成り行きとその影響に納得し自分が何をすべきか理解したら、それで目的は達している。深追いは無用だ。

状況に合わせて方法を選ぶ

相手の意欲を高めるためのポイントを、最後にもうひとつ挙げておこう。あなたが面している状況についてだ。しばしば相手が自分の行動の成り行きに気付かず、あなたも、なぜ相手に意欲がわかないのかわからないことがある。意欲は十分にあるのに、タスクが優先順位のトップにないのかもしれない。公然とあなたに抵抗しているのだろう。そんなときには、状況に合わせた方法を考える必要がある。

人に教えるとき

自然な成り行きを説明する方法は、相手に初めてその行動をすべき理由について教える際には便利な手法だ。たとえば従業員が製造やサービスの仕事でなぜある一定の方法を使うべきなのか知りたがっているとする。とくにその方法が簡単でない場合はなおさらだ。その方法が努力に値するかどうかが気になるのだ。責任ある会話の熟練者は、行動の成り行きが周囲に与える影響をうまく説明する。「だからこの方法でやる必要があるのだ」というぐあいに、成り行きに目を向けさせる。

子育ての場合でも同様だ。子どもが幼ければ幼いほど、行動とその成り行きとの関係をしっかりと教える必要がある。生まれたばかりの子どもには行動の成り行きが理解できない。だから親が最初にやることは、どのような行動が悪い成り行きにつながるかを教え、そこから守ってやることだ。子どもが成長するにつれ子どもは反抗的になり、接し方も変えなくてはならない。一四歳にもなると子どもはすべてを理解し、親が教えることはなくなる。もちろん成人して社会に出るころになれば、また親の出番はあるだろう。

相手と一緒に検討するとき

このような状況は意外に多い。なぜ意欲がわかないのか相手にもあなたにもわからないことがある。あるいは、相手はその理由がわかっているのに、口に出して言わないこともある。どちらのケースも、あなたには相手に意欲が出ない理由がわからないので、個人的・社会的・組織的要素がそれぞれ問題に与えているインパクトを調べ、そのうちのどれが相手のやる気を削いでいるのかを考える必要がある。

ここに挙げたような簡単な質問をすることで、どの影響要素が絡んでいるのかを推測することができる。「その仕事は大変ですか?」、「その仕事は同じことの繰り返しで、飽きしますか?　やる気が出ないのはそのせいですか?」、「同僚たちはそのタスクをやらないように勧めますか?」、「そのタスクは、他の人が報奨をもらっている別の仕事と対立関係にありますか?」

相手と一緒になって成り行きを考えるのは、業務にやる気を持てない原因を表明化させるためだ。原因の特定に時間がかかる場合もあるが、いったん影響要因が確認できたら、相手にその業務を続けさせるかどうか検討しよう（あなたの気が変わるかもしれない）。その業務をまだ続けさせる意味があると思うなら、成り行きに目を向けさせるために前述のメソッドを組み合わせて使ってみよう。

優先順位が違うとき

仕事の優先順位が相手とあなたとで違うときはどうするか。その業務をしたくないわけではない。ただ、最優先ではないというだけだ。優先順位が違うのはいくつかの理由が考えられる。他の人から別の業務を頼まれていたり、相手が別の業務にもっと関心があったりする場合だ。相手はあなたから頼まれた仕事を忘れてしまったか、やるべき理由を忘れてしまった可能性が高い。さらに問題なのは、やらなくても誰も気に留めないだろうと思っているケースだ。優先リストから外して、様子を見ているのである。

理由はどうあれ、相手はやるべきことを知っているのに、他のことを選んだわけだ。また多くの場合、その成り行きについてもわかっている。このような状況では、なぜその仕事をやる必要があるのかを説明することは、ルーチンの仕事の指示とはまったく違う方法が必要だ。相手にやるべきことを手短にわからせる必要がある。たとえばこんなふうに。

「ここに立ち入る際の安全手順を説明した方がいいかな？　前にも外部の人が立ち入ったことがあってね」
「二カ月ほど前に政府の規制について話したことは覚えているかね？　説明をしないでおいて万一けがでもされたら、訴えられる可能性がある。面倒なのはわかるが、法律で決まっているんでね」

信頼はできる相手がいくつかの仕事を並行して抱えているとき、自分が頼んだ業務のことを思い出してもらうのに有効な言い方だ。

相手が抵抗しているとき

もっと難しいケースについて考えてみよう。あなたの努力にもかかわらず、公然と抵抗する人もいる。約束を果たそうという気がないので、そこから説得する必要があるが、さらなる反発を呼ばないよう気を付けねばならない。つまり、一足飛びに力や罰則に頼ることなく、なぜその業務をする必要があるのかを説明しなくてはならない。では、どうしたらいいのか。

周囲の人がやる気を見せないとき、「いつも自分に逆らうんだから」と思うことが多いだろう。こんなときでも基本的な方針は変わらない。相手が心から従う気持ちになるまで、自然な成り行きを説明するのだ。このときに気を付ける点は、相手の価値観に沿った成り行きを見つけることだ。

「冗談じゃないですよ。出張から帰ったその日のうちに経費報告書を書けと言われても。他にやるべきこともありますし」

「先延ばしすると正確な経費の計算ができなくなるよ。細かい出費を忘れてしまうから、自分の負担になる」（従業員にとっての成り行き）

「記憶力なら自信があります」

「会計担当者にとっても問題だ。彼らにも締め切りがあるからね。遅くなると向こうにしわ寄せが行く」（同僚にとっての成り行き）

「そんな大げさな。たまには待ってくれてもいいじゃないですか。こっちは出張続きで大変なんです」

「請求書を早く回してくれないと、顧客にも請求を回せないんだ。去年は請求遅れのせいで、会社全体で二〇万ドルも余計なコストが発生したんだ」（株主や経営者にとっての成り行き）

「去年は何億と稼いでいますよ」

「報告書が二～三週間遅れると私にも催促が来るんだ。すると君のことを探して、同じことを言わなくちゃならない。こんなことで時間をとられたくないんだよ」（上司にとっての成り行き）

「なるほど、私のせいで余計な手間をとらせているとは知りませんでした。これからはスケジュールに入れて、期日までに提出します」

このように、成り行きを考えるための対話は、双方に忍耐とスキルがなくてはならない。とくに相手が本当はやりたくないことをやらせるには、意欲を持たせるための誠実な作業が必要だ。なぜなら、すべての成り行きが誰にとっても重要とは言えないからだ。この例では、部下は上司が自分にとっても困ると言うまで（つまり力をほのめかしたわけだが）、何を言っても気にかけなかった。

罰を使う場合

あらゆる努力の結果、罰を使わざるを得ないこともある。相手にすぐに言うことを聞かせないといけないときだ。たとえば息子が言いつけを守らず、親に無礼な態度をとったとする。成り行きについて説明しても、相手は聞く耳を持たない。

あるいは、部下に対して内容、パターン、関係について話し合いを持っても、相手は約束を破り続ける。そういうときは方法を変えるべきだ。自然な成り行きの説明に代えて、あなたからもたらされる強制的な成り行き（罰）を適用するときだ。これは危険を伴うので、次のようなことに留意する。

規定を熟知する

どの組織にも独自の罰則規定と方針がある。それをしっかり確認しよう。その手続きを踏み外すと、それを指摘された場合にはそれまでの努力は水の泡になり、信用も失われる。家庭でも罰則規定をつくっておくべきだ。それがないと、相手に不意打ちを食らわせることになる。

上司の協力を仰ぐ

相手のこれまでの違反の実態を詳しく知らない場合には、なぜその行動が間違っているかを説明し、あなたが懲罰を与えようとしていること、そのことをめぐってあらためて話し合うことを伝える。そして上司とどのような罰を与えるかを相談する。もしその場に上司がいなければ、とりあえず相手を罰せずに帰し、注意するだけでいいかどうか確認する。その際に余計なことは言うべきではない。家庭であれば、両親は相談して一致した行動をとるべきだ。

厳粛な態度を貫く

どのような場合でも、罰を与えるのはあなたの楽しみのためではない。まじめな口調で、処罰はやむをえない選択であることを説明する。これは決して歓迎すべきことではない。あなたがリーダーや同僚から監視役に変わってしまったのだ。それを勝利とは呼べないことを自覚しよう。

次のレベルを説明する

決まりに反したらどうなるかを言うときには、同じことを繰り返したらどうなるかも説明する。次のレベルの処罰を説明することは、相手に状況をわからせて意欲を持たせるきっかけにもなる。それによって不意打ちを避け、「誰もクビにするなんて言ってなかったのに！」と言わせないことにもなる。

一貫性を保つ

えこひいきをしてはならない。何かにつけてあなたに突っかかってくる従業員がいたとしても、他の者なら罰せられない行為を理由に、その従業員に罰を与えてはならない。それは仕返しだ。第三者が処罰の実態を調べる際に、まず留意するのは公平性だ。従業員を公平に扱っているかどうかが問題になる。例外をつくってはならない。

圧力に負けて譲歩してはならない

いったん罰を与えると決めたら、引き下がらない。粛々と手続きを進め、相手が抵抗してもためらってはならない。処罰を命じたら最後までやり抜く覚悟が必要だ。もしそこで曖昧な態度を見せたら、罰を与えると言ったのは単なるこけおどしだと思われる。

力でうまくいかなければ、率直に対処する

最後の問題に移ろう。行動に伴う自然の成り行きを説明しても、相手が意欲を示さず、かといって処罰などの強制的手段もとれないときにはどうしたらいいだろうか。たとえば上司が部下を怒鳴り散らしていながら、「迷惑をかけるのは悪いが、ストレスで神経が張り詰めているんだ。これからも同じことがあるかもしれないが見逃してくれ」と言ったら、どうしたらいいだろうか。上司を処罰するわけにもいかない。

あるいは取引先が納期に間に合わないと言ってきた。さんざん話し合っても、やはり遅れそうな場合はどうするべきだろうか。

次善の策で合意する

罰によって相手の行動を強制的に変える方法が使えないとわかったら、次善の策を検討し、それに伴ってどんな苦痛や損失を被るかを相手に率直に伝えよう。そうすれば、相手

は次善の策の成り行きを検討し、マイナス面を避けるために行動を変えるかもしれない。たとえば納期を守れない業者には、プロジェクトの主要な業務を依頼しないことにする。もちろん業者はプロジェクトの中心から外されたくないので、この選択を歓迎しないだろう。だが、こちらがなぜそういう選択をしたのかは理解するはずだ。

上司のかんしゃくが治りそうになければ、いったん引き下がって落ち着くための時間を与え、その後で建設的に話し合うことを提案する。同時に、感情的な物言いをされると話しにくくなること、最善を尽くして率直な対話を試みても上司が反発したら会話は続けられないことも告げておく。あなたの対処方法を率直に話して、あとは上司がこの成り行きを受け入れるかどうか選ばせる。

これは非常に重要なポイントなので、もう少し詳しく説明しよう。長期にわたり不適切な行動を続けている人がいる場合、こちらにも二つの点で責任がある。一つは、責任ある会話を避けている点だ。そのため相手は自分の行動の成り行きを知らないでいるのだ。成り行きを知らなければ、自分の行動を変えることもできない。もう一つは、相手の問題を周囲でフォローしている点だ。そうなると相手は問題に気付かず、罪の意識のないままいまの行動を続けることになる。たとえば電話をとらない上司のために、上司の代わりに電話をとる係をこっそりと決めておく。能力のない医師がいたら、難しい手術はその医師が非番の日に入れるようにする。父親が気難しくて人に当たり散らすようなら、専用の大型テレビを買って書斎に据え付ける。

相手に行動を変える意欲がない場合、それはしばしば周囲が「共犯者」になっている可能性がある。誤った力の使い方をしたせいで相手の抵抗を引き起こしたり、率直に問題点を指摘する代わりに周囲が苦労してフォローし、行動の成り行きを相手の目から覆い隠してしまっているのだ。

こういう場合、頑固な人にあなたの意思を押し付ける力がなくても、率直に自分の対応を示すことによって、問題への加担を避けることはできる。

うまく締めくくる

こうして相手に意欲を持たせられたとする。一緒に成り行きについて話し合い、相手も責任を持って行動することを約束した。会話は終わりに近づくが、まだやるべきことがある。これまでの時間を無駄にしないために、ダメ押ししておくのだ。ここで得られた合意を実行に移すためには、もう一押しが必要だ。

会話を締めくくるにあたり、誰がいつまでに何をするかプランを立てておく。物事がうまく運ぶかどうかチェックするためのフォローアップの日程についても決めておこう（詳しくは第7章で説明する)。

最後のケース　離婚は防げるか?

最後に、複雑なケースでどのように自然な成り行きについて話し合えばいいのかを見ておこう。

連れ子につらくあたる夫

カーリーとゲイリーは再婚同士だ。カーリーには一五歳と二〇歳の二人の連れ子がいる。彼女がゲイリーと初めて会ったとき、ゲイリーはカーリーの子どもたちをとてもかわいがってくれた。だが、結婚して四年目になると、子どもへの関心は薄らいでしまった。家ではずっとむっつりしており、カーリーと子どもたちを怒鳴りつけてばかりだ。三人はまるで他人の家に住んでいるような、落ち着かない心持ちだった。そこでカーリーはゲイリーと子どものどちらを選ぶか悩み始めた。

問題の解決をとくに難しくしているのは、ゲイリーが話し合いを避けていることだ。カーリーが二人の関係について話をしようと水を向けると、そのたびにゲイリーは彼女のことを感情的だと非難し、プイと部屋から出て行ってしまう。そうなると彼女も何も言えなくなってしまう。こういう場合、重要なのは最初の瞬間だ。三〇秒のあいだにカーリーがやるべきことは、次の二つだ。一つはゲイリーに話す気にさせることと、もう一つは安心させて建設的な話し合いの雰囲気をつくることだ。実際の場面で考えてみよう。ゲイリーはひとり書斎でメールを書いている。子どもは出かけているから一時間ほどは邪魔されずに話し合いができそうだ。

カーリー 「何だか私と子どもたちが、あなたの人生にとって邪魔者じゃないかという気がするの。関係がどんどん悪くなるような感じがして」（相手を安心させる。敬意を示して目的を明らかにする）

「一時間くらい時間がとれるかな。この件で話がしたかったの。そうすれば一年前の二人に戻れそうな気がする」（さらなる安心と共通目的を示す）

「話し合わなきゃ、このままやっていけないんじゃないかな」（成り行きに目を向けさせ、ゲイリーにとって関心のある自然な成り行きを共有する）

ゲイリー 「それって脅しなの？」（カーリーの最後の言葉を心理的な脅迫と誤解する）

カーリー 「いいえ、そんなふうに思われたのなら謝るわ。別に責めるつもりはないの。ただ、気になっていることをオープンに話し合いたいだけ」（一歩退いて、コントラスト

を用いて再び相手を安心させる）

「事実に向かいましょう。この数カ月、お互いに愛情が感じられないでしょ。これはお互いにとってよくないことよ。私はきっと解決できると信じているけど、そのためには話し合いが必要だと思う」（自然な成り行きを共有し、二人の価値観にリンクさせ、話し合いという目先の苦痛よりも長期的な利益に目を向けさせる）

「いますぐじゃなくてもいいけど、いつかは話し合わないと、悪い方にしか向かわないと思うの。このままだと、いっそ別れた方がお互いにとっていいという結末になりそうで怖いのよ」（話し合いを避けるという目先の利益を長期的な苦痛にリンクさせる）

「そんなの嫌だから」（一歩退いて、自然な成り行きが脅しだと誤解されないように気を付ける）

ゲイリー　「話し合ってもいいよ。でも、子どもたちがルールを破って家のなかをめちゃくちゃにしたらどうする？　それでも僕が我慢すべきだという結論になるなら、一緒にはやれそうにないな」（暴力的な言葉で脅すのは安心感を持てないでいるからだ。まだ自分が責められるのではないかと疑っている。カーリーはそれに気付き、彼の脅しには反応せずに安心させようとする）

カーリー　「これまでずいぶん我慢させてきたわね。それはわかってる。そのことは謝るわ。最近、子どものことにかかりっきりで、あなたの思いに気付かず、責めてばかりいたのね。そのことも含めて話し合えば、もっとうまくやれると思うの。いまから話し合っても大丈夫？」

ゲイリー　「いいよ。まず何から話す？」

【この章のまとめ】

意欲を持たせる

ギャップについて慎重に説明した後は、問題の原因が意欲のなさにあるのか能力の不足にあるのかを見極める番だ。この章では意欲がない相手にどう対処するかを考えた。相手に意欲がないとき、適切な行動をさせるよう意欲を持たせるのが我々の仕事だ。

- 成り行きが人に意欲を与える　意欲は誰かに与えられるものではない。人間には元々何かをする意欲がある。行動の成り行きを予想することで、意欲がもたらされるのだ。どの行動も多様な成り行きをもたらす可能性があるので、人は成り行きを総合的に判断して自分の行動を選択する。

- 自然の成り行きを探求する　話し合いでは、まず自然の成り行きを相手に説明する。仕事上の問題であれば、関係者に及ぼす影響が成り行きに含まれる。関係者とは他の従業員、顧客、株主、地域社会、監督官庁などだ。
- 状況に合わせて方法を選ぶ　相手が話に乗ってくれれば、何をすべきかとその理由を説明する。相手が反発してくる場合は、力に頼りたくなる衝動を抑えよう。そして相手にとって重要な成り行きを探し出す。
- うまく締めくくる　最後に誰がいつまでに何をするかを決めて、会話を締めくくる。さらにフォローアップを行う日程を決める。

追加資料

人に意欲を持たせるにはどうしたらいいだろう。そのことで悩んでいるなら付録C「成果に対する称賛について」の、ほめて意欲を持たせるテクニックを参照してほしい。また、http://www.vitalsmarts.com/bookresources を参照して、あなたの疑問を著者にぶつけてもらいたい。

次章では……

さらにスキルを拡大し、六つの影響要素の残りの三つを身に付けよう。また、意欲があるのに能力が足りないケースにどう対処するかを学ぶ。

5

容易にする
——決まりを楽に守らせるには

能力が要求に追いつくことはない。
——孔子

では、六つの影響要素のうち能力面について見ていこう。まず、こんな例をもとに考えてみる。あなたの職場で働く政治アナリストのカイルは、次の討論会で使う想定問答集を昼までに仕上げることになっていたが、締め切りに間に合わなかった。あなたは彼を呼び出して、二人だけの場でギャップについて話し合う。彼は「約束の期日に間に合わせたかったのですが、申し訳ありません」と謝った。統計分析を担当する専門スタッフが盲腸炎で入院してしまい、他にデータを理解できる者がいなかったからだという。

ともかくカイルは約束を果たせず、適切にそれに対処しようとした。すぐにあなたに電話して知らせようとしたのだが、あなたは社外での会議に出席していた。そこで仕方なく留守電にメッセージを残すとともに、あなたの居場所を探した。結局、彼は約束を果たせなかったが、あなたに知らせるためにベストを尽くしたのだ。これは明らかに意欲の問題ではない。

診断を間違えるな

ところが、あなたはカイルに対して締め切りに遅れたことに伴う自然な成り行きを話した方がいいと考える。

「ちょっと話があるんだ。想定問答集がない状態で、討論会で思ってもみない質問が出たらどうする？　間抜けの集まりに思われそうだ」

カイルは真っ青になって、専門スタッフを探してみるなどとブツブツつぶやきながら、飛び出していった。

「これでやる気が出ただろう」とあなたは考える。

これが現実にならないことを願っている。あなたが賢明で冷静な上司なら、カイルには仕事への意欲があったのに、〝できなかった〟ことはわかるだろう。そこへいくら意欲を引き出そうとしても、何の解決にもならない。それどころか、それは残酷な仕打ちだ。カイルにとって必要なのは、目の前にある壁を取り除いてやることであり、尻を叩くことではない。そこで考えるべきことは、どうしたら能力の壁を取り除けるのか、どうしたら相手が楽に、苦痛を伴うことなく業務を遂行できるかということだ。

動機と能力は表裏一体のもの

壁を取り除くには、動機と能力の微妙な関係について検証する必要がある。まず、動機と能力は表裏一体のものであり、完全に分けて考えることはできない。この二つはしばしば混在している。なぜなら課題が不快で退屈なものなら実行は困難になり、意欲も湧かないからだ。馬小屋の掃除を進んでやりたい人はいないし、経費報告書や期末レポートを喜んで書く人もいない。

これが最初の質問だ。もし仕事が非常に困難だったり、不快で退屈なものだったりしたら、これは能力の問題だろうか。それとも動機の問題だろうか。実行が不可能なタスクに意欲を持てる人はいないだろう。

厳密に言えば、もし仕事をする能力があるのにそれをやらないなら、それは意欲の問題だ。それを知るにはこんな想定をしてみればいい。「頭に銃を突きつけたら、そのタスクをやるだろうか」と。答えがイエスなら、相手は能力はあるが意欲がないということになる。

しかし、この単純で暴力的な現実にはあまり意味がない。もしその仕事が本当に不可能なら、それは明らかに能力の問題だ。こういう場合はわかりやすい。たとえばカイルは自分の仕事をやろうとベストを尽くしたが、期限までにできない事情があった。これは意欲の問題ではない。しかし、そのタスクが非常に困難だったり、うんざりするほど退屈なものだったりしたら、問題はもっと複雑になる。それは単なる能力の問題ではない。意欲と能力の要素が入り交じった問題として考える必要がある。

二つの要素が入り交じるとはこういうことだ。タスク自体に魅力がなく、重要性もない場合、短期的にはプレッシャーをかけることで仕事をさせることができる。だが長期的にはタスクに意欲を持てない要因を探して、それを取り除いてやる必要がある。さもなければ、嫌な仕事をさせるために、つねに意欲を持たせる方法を探し続けねばならない。それは決して楽しいことではない。

意欲と能力は混同しやすい

もう一つ、頭に入れておくべきことがある。原因を診断する際には、意欲と能力を混同しないように細心の注意を払わなくてはならない。この二つはまったく違うものだが、相手がそのタスクをやりたくないのか、それともできないのか、いつもわかりやすく伝えてくれるとはかぎらないからだ。相手に丁寧に尋ねれば、能力がないのか意欲がないのか正直に言ってくれると思ったら間違いだ。

あなたの部下のワンダというサービスセンターの修理工が、顧客のオフィスにいく約束をすっぽかしたとする。何があったのかと彼女に尋ねると、「先方に出向いたのですが、ドアが閉まっていました。携帯電話で確認をしたら留守電になっていました」と答える。

曖昧な原因

だが、つねにこれほどわかりやすいわけではない。相手（この場合はワンダ）から「ええ、いろいろあったものですから……」という答えが返ってくることは思った以上に多い。この答えは曖昧で危険なものだ。あなたは、相手ができないのか、したくないのかをはっきりさせなくてはならない。そこで慎重にこう尋ねる。「何かトラブルがあったの？それともやりたくなかったから？」

ここでさらに人を困惑させるような返事が戻ってくる。「おわかりでしょう。余裕がなかったんです」

あなたはもう一度念押しする。「それはどういう意味かな。君はやらないことにしたのか？　それともできなかったのか？」

複雑な原因

最後に、ワンダは告白する。だが、その理由もしばしば複雑だ。「あの顧客のところで仕事をするのが嫌なんです。私のことをじろじろ監視して、文句ばかり言うんです。考えただけでぞっとします。私が行かなければ、誰か他の人が行ってくれると思ったんです」

これでわかった。彼女はやりたくなかったのだ（その理由はわかりやすい）。黙って仕事を怠り、顧客を放置すれば、あなたが別の誰かを派遣してくれると高をくっていた。ところで、彼女がやらないことにしたのは確かに意欲の問題だが、意欲が湧かなかったのは能力が足りなかったせいでもある。難しい顧客にどう対処したらいいかわからなかったからだ。

これは重大な違反なので、あなたは責任ある会話を始めることだろう。彼女が業務をすっぽかしたために顧客が待ちぼうけを食わされたこと、また誰か別の者が派遣されるだろうと彼女が勝手に思っていたことについてだ。もちろん最終的にはワンダと協力して、難しい顧客をうまく扱える方法を探すかも知れないが、その前に言うことがある。いずれにせよ、この問題にかぎらず複雑なケースは多い。すべての影響要素を考慮して注意深く診断した上で対処法を考えないかぎり、根本原因の一部しか解決できないだろう。

原因が隠されている場合

意外に思うかもしれないが、人はしばしば問題の真の原因を故意に隠すことがある。タスクをやる能力がなかったり、やらなかったために厄介なことになったりするかもしれないという心配が先に立つと、そこから派生する問題を避けようとして嘘をつくのだ。実際に起きたケースではこんなことがあった。主治医が医学生に対して七五歳の患者の胸部に点滴をするように指示してから、他の患者の心停止を処置するために病室を出て行った。ところが医学生は、胸部点滴の方法をよく知らなかったが、そのことを医師に告げていなかった。そして医師がいないあいだに自分で点滴をしようとして患者の肺嚢に針を突き刺してしまい、患者は後に合併症で死亡した。つまり医療事故の原因は、指示されたタスクができないと言うのを医学生がためらったせいだった。

能力がないことを隠そうとするケースで最も多いのは、おそらく字が読めないという問題だろう（世界の二三パーセントが非識字者だ）。従業員は自分が字が読めなかったり簡単な計算ができなかったりするのを認めると、職を失うのではないかと恐れる。「ジョン、新しい備品を組み立てておいてくれないか」と頼んだとする。ジョンは説明書が読めないため自力で組み立てようと試み、失敗する。だが、自分が字が読めないことを悟られると解雇されると思って、こう答える。「この手の機械を組み立てるのは苦手なんですよ。へンテコな数字や図表や部品があるし。やろうと思えばできないことはないんですが」

この反応をやる気がないからだと解釈した場合、あなたは次のように自然な成り行きを説明しようとするだろう。「ジョン、この仕事を待っているクライアントが二人いるんだ。君が早くやってくれないと、待たせてしまうことになる」

もちろん、この会話は何の解決にもつながらない。いくら成り行きを説明しても、ジョンはさらに抵抗するだけだろう。

奇妙に思えるかもしれないが、激しく抵抗したり命令を聞かなかったりして罰せられる従業員は、言われた仕事がどうしてもできない事情をひた隠しにすることがよくある。できなくて恥ずかしい思いをしたり、解雇される可能性におびえるくらいなら、むしろ罰を受ける方を選ぶのだ。

真の理由を隠すパターンでよくあるのは、自分に能力がないせいにして意欲のなさをごまかすケースだ。それまで進捗状況に関心を示さなかった上司から、急に仕事が進んでいないことを責められたときに、こうした反応がよく見られる。能力の壁のせいにした方が、「この仕事は後回しにしていたんです」と言うよりも、まだしも聞こえがいいと思うわけだ。そこでこんな大嘘をつく。

「もっと早く来ようと思っていたんですが、目覚ましが鳴らなかったんです」

「ガーデンパーティーの前に芝刈りをしなくちゃいけなかったんですが、いつもより短く刈るべきかどうか迷ってしまって」

診断を下すためには、注意深く話しを聞くことが重要だ。ジョンが「ヘンテコな数字や図表や部品があるし。やろうと思えばできないことはないんですが」と言ったときに、注意深い人なら業務上の困難についてさらに調べて、ジョンが説明書を読めないと告白できるように安心させることだろう。

相手がやる気はあったかのように言い訳する場合、「次からは目覚ましがちゃんと鳴るように気を付けるんだな」というふうに適当に見逃してしまうことが多い。するとと相手は言い訳を続け、あなたは次のようなパターンで応じる羽目になる。

「トラブルで遅れたというのはこれで三回目だぞ。これまで見逃してきたが、朝の会議に遅刻してもらっては困るんだ」

「お母さんが用事で出てるあいだに家事をやっておいてと、もう五回も約束しているよね。そのたびに何か理由をつけてやらないんだから」

あなたがすべきこと：仕事を簡単にする

原因を診断して、相手にはタスクをやる能力があるとわかったとする。しかし、そのタスクはひどく不快で退屈なものだ。では、どうしたらいいだろうか。壁を取り除けばいいのだ。つまり仕事を簡単なものにするのである。だが、そのことに反対する人は多い。そういう人は、不快で退屈な仕事でもやる気にさせられるという自信を持っているのだ。

部下や子どもに不可能に近いほど困難なことを実行させたからといって、胸を張ってはいけない。相手に意欲を持たせることは大事なことだが、難しく不愉快な仕事を続けさせるのでは、よいリーダーとは言えない。苦痛をやわらげ、複雑なものを単純化し、不快を取り除いて仕事を楽にできる方法を考えるのが、優れたリーダーの役割だ。

これができてこそ、有能なリーダーだ。彼らは自分を、相手の尻を叩く看守やチアリーダーではなく、楽に仕事ができるように環境を整える世話役だと考えている。このセルフ・イメージを持っているかどうかが、優れたリーダーを見分けるいちばんの手がかりだ。仕事をしやすいよう手助けすることこそが、リーダーの条件だと思っているのである。

そのようなスキルを持たず、部下を縛り付けるタイプのリーダーは、これとは別のセルフ・イメージを抱いている。時間やコストがどれだけかかろうが、がむしゃらにやらせようとするのである。彼らはそれが優れたリーダーシップだと勘違いし、仕事の負担を減らすことは弱さの証拠だと考えている。家族のなかにこんな人がいると、家庭は安らぎの場でなくなってしまう。配偶者に罪の意識を持たせて圧力をかけ、微妙な問題について無理やり口を割らせようとする人もいる。こういうやり方を好むのは、人間関係やことの成り行きを考えるよりも、自分の力を誇示したいからだ。

つらい仕事を無理やりやらせるのが優秀なリーダーだというイメージを好む人は多いが、人間の直感には反している。人は苦痛よりも安楽を求めるものだ。その逆はありえない。

もちろん嫌な仕事もある程度は不可欠だし、給料をもらうのもそのためだったりもする。だが、ふつうの人は不愉快な仕事は避けるし、やるにしてもできるだけ簡単にしようとするだろう。ガレージの電動シャッターやテレビのリモコン、電動缶オープナーなどは必需品とは言えないが、くらしを便利にしてくれるから使われているのだ。

人が必要でなくても便利なものを求めるのは、仕事をもっと楽で簡単なものにして、快適に過ごしたいと思っているからだ。

つらくて不快な仕事を避けるのは性格の欠点ではない。賢い人ならみなやっていること。

一二歳の息子が自動「孫の手」をせっせと開発していたり、友達を丸め込んでモールで自分の乗ったカートを押させたりしていたら、あなたは息子を怠け者だと思うだろうか。それとも創造力があると思うだろうか。また、部下が不可能ではないが困難な仕事に取り組んでいるとき、あなたは部下にもっと努力するよう働きかけるだろうか。それとも仕事をもっと楽にするための工夫をするだろうか。

ここからは、どうすれば必要なタスクをもっと易しくできるか考えていこう。意欲を持たせる方法についてはすでに学んだので、今度は仕事を易しくすることを考えよう。それが当然の賢いやり方だ。

容易にするためのツール

一緒に壁を探す

能力に問題があるときには、どうしたらいいだろうか。単純なことだ。相手と一緒になって見えない壁を探し、それを取り除いてやればいい。むしろ注意すべきなのは、壁をどのように取り除くかだ。そのためには、障害になっているのは個人的要因（スキルや知識が不足している）、社会的要因（周囲の人々から情報やツールが提供されない）、組織的要因（周囲の環境がじゃまをしている）のいずれなのかを知らねばならない。ところで、六つの影響要素のうちの能力に関わるファクターについて検討する際には、これまでの悪い癖を直す必要がある。

すぐにアドバイスを与えない

相手が能力の問題で困っているとわかると、とっさに手助けしようとする人は多いだろう。ほとんど無意識にそうしてしまうのだ。自分には経験も知識もあると思っていると、できない人を見ただけで条件反射的に腕まくりをして力を貸そうとする。

誰か困っている人が相談に来たら、あなたはきっと何をすべきかアドバイスするだろう。もちろん相手はどうしたらいいか聞きたいのだから、それは当然だ。にもかかわらず、その場で答えを教えるのが賢明なやり方とはかぎらない。

自分でやらせてみる
すぐにアドバイスするとどうなるだろうか。たとえば子どもが壊れたおもちゃを持ってくると、あなたはすぐに直そうとするだろう。子どもは直し方を知らないし、スキルも道具もないのだから、それは当たり前に見える。

だが、機転に富んだ人は相手が能力の壁にぶつかっているのを知ると、即座にアドバイスするのと、自分で解決策を見つけ出させるのと、どちらがいいか考える。「この問題を解決するにはどうしたらいいと思う?」「何かアドバイスをした方がいいかな?」と相手に問いかけるのだ。つまり、能力の壁を相手と一緒に打ち破ろうとするわけだ。彼らが本能的に答を教えようとする誘惑に逆らって協働を求めるのは、次のような理由からだ。

能力と意欲の両方を高める

能力

相手の問題を解決してあげたければ、二つの重要なことに留意すべきだ。一つは、相手の考えを聞くことだ。どうしたらいいかわからなくても、どうしてうまくいかないのかは知っているかもしれない。あるいは、どうしたらいいか知っているのに、そのためのツールや許可がないだけかもしれない。いずれにせよ能力の問題について話し合うなら、最初に次の簡単な質問から始めよう。「その問題にこれまでずっと取り組んできた目から見て、どうしたらいいと思う?」。そうやって水を向け、思っていること、感じていることを聞きだそう。そうすれば壁の原因に自分で気付くきっかけになる。

それでもどうしていいかわからない様子だったり、問題のありかがよく見えていないことがわかったら、そのときはあなたの出番だ。もちろん、どのように口を出すかによって大きな違いがある。会話のスタイルは協力関係をつくる上で、無視できない要素だ。相手を共に問題解決を目指す対等なパートナーだと考えよう。

意欲

一緒に考えることのもう一つの利点は、意欲の問題だ。解決策を探るために知恵を絞れば、そのタスクを実行しようという意欲も湧いてくる。これは非常に重要だ。次の公式を考えてみよう。

効果＝的確さ×関与の深さ

多くの場合、問題解決の方法は一つではない。解決策が的確なものかどうかが効果に影響を及ぼすのは当然だが、同様に解決策を実行する人がその方法を信じているかどうかも重要なポイントだ。関与の深さが関係するのはそういうわけだ。

戦術的には劣っていても実行する者が深く関与している解決策は、戦術的には優れてはいるが当人が抵抗感を抱いている解決策よりも効果を挙げる可能性が高い。

ここまでの話をわかりやすくまとめておこう。なぜ相手と一緒に解決策を考えた方がいいのか。多くの人はその理由について、相手にも関与させてその方法が自分のアイデアだと錯覚させれば頑張って実行するからだと思っている。だが、相手を操ってこちらのアイデアを相手のものだと信じ込ませるような小細工はお勧めしない。相手を巻き込むのは、自分で考え出したアイデアを共有することは誰にとっても利益になるし、解決策を考えるところから関与すれば、そのタスクのやり方についても理解が深まり、その結果、より意欲を持てるようになるからだ。

相手を巻き込むことで、あなたはその人を力づけることができる。問題を克服するための手段と意欲を与えるわけだ。

まず相手の考えを聞く

相手を巻き込むのは、単にやり方を教えるよりもずっと有効だ。だが、その方法は？ きわめて簡単だ。

まずは相手の考えを聞こう。問題についていちばんよく知っているのは当事者だ。その考えを十分に聞くことから始めよう。

能力の問題に対処するための研修を開発したとき、それはとても簡単そうに見えた。相手に考えを尋ね、その話を十分に聞く。そうすれば、相手は問題解決に向けて踏み出すことができる。これほど簡単なことがあるだろうか。失敗のしようがなさそうに思える。だが、実際にやってみるといくつかの気を付けるべき点が出てきた。とくに次の三点は避けるべきだ。

相手の反応をねじ曲げてはならない

本書で取り上げたメソッドによって研修を行ってきたが、多くの参加者が相手を巻き込む際に、こんな調子で接していた。

「では、その弁護士に連絡が取れなかったというんだね。いいアイデアがある。事務所に尋ねていって、戻ってくるまで待ってみたらどうだい?」

このような話し方をする人は、相手を力づけるとはどういうことか、半分しかわかっていない。ノーと言うチャンスを与えさえすればいいと考えているのだ。

しかし、あなたの方が相手より地位が高い場合、先に意見を言って相手の同意を求めると、的外れな結果になってしまう。相手の考えをねじ曲げてしまう可能性が高いのだ。まず、先に相手の頭にあなたのアイデアを注入してしまうため、相手は別のことを考えられなくなる。次に、あなたがそれとなく自分の望んでいることをメッセージとして送ることになるので、相手はそれにノーと言えなくなってしまうのだ。

さっきの例でいえば、相手はこう応じることだろう。「そうですね。事務所まで行ってみます」

だから、まずは相手の考えを聞いてみよう。相手が自分で最もいいと思っているアイデアを出すまで待ってみるのだ。たとえば息子が家の前に積もった雪を除雪していなかったので、そのわけを聞くと、息子は除雪機が故障したせいだと説明する。

そこであなたはこう尋ねる。「除雪機を直すのにどうしたらいいと思う?」。あなたは自分なりの考えを持っているが、息子が何か言うのを待つ。息子が説明するには、除雪機が新聞紙を吸い込んでホースが詰まってしまったのだという。息子は続けて、詰まりを直すために何を使ってどうすればいいのか、またどれほどの時間がかかるかを説明する。あなたはもっといいツールとその使い方を提案し、一緒に何をするのかプランを考える。

相手を巻き込んでいるかのように装うな

相手を巻き込んで能力の壁を崩そうとするときには、次の二つのケースに注意すべきだ。

そうでないと誤りを犯しやすい。一つは、あなたがすでに解決策を持っており、相手の意思にかかわらずそれを実行しようと考えている場合。もう一つは、相手の意思を聞くことが世間では正しいとされているから、そうすべきだと考えている場合。その結果、いちおう相手の考えを聞いた振りをして、実はそれとなく相手を自分の考えに従わせようとする。

ご想像のとおり、このテクニックは明らかに相手を自分の思いどおりに操るための方法だ。本当に相手と一緒に能力の壁を取り除こうとしているというよりも、迷路に放った実験用のネズミにエサを与えて正しい方向に向かわせるようなものだ。次のような会話がその例だ。


「これを納期に間に合わせるにはどうしたらいいかな」と、あなたは部下に尋ねる。

「もっと人員を増やしてはどうでしょうか」（あなたは顔をしかめて首を振る）

「私が残業してもいいですし」（あなたはさらに眉をひそめる）

「そうですねえ。途中の工程を一つ二つ省いてはどうでしょうか」

「たとえばどんな？」と、あなたは尋ねる。

「シュリンク包装をやめれば二、三時間は短縮できます」

「いいや、それは駄目だ。書類の手続きを省いてみたら」

「請求書の作成を後に回せば……」

「私が考えているのは別の書類だが」とあなたはヒントを出す。

「環境報告書とか……」

「それがいい。環境報告書を後回しにしよう。完璧な解決策だ。恩に着るよ」


このやりとりを動画で見て笑う人は多い。この手のやりとりには慣れているからだ。このテクニックを子ども相手に使う親もいる。


「晩ご飯は何がいい？」。母親が尋ねる。

「チーズマカロニ！」と、子どもが叫ぶ。

「もっと野菜をとらないとダメよ」

「いつものチーズマカロニがいいの」

「困った子ねえ。少しは野菜をとったら？」と、母親は続ける。

「じゃあ、チーズマカロニとグリーンピース」

「ダメ」と、母親は顔をしかめて言う。「デンプンが多すぎるわ」。そして子どもが母親の考えていることを言い当てるまで繰り返される。


この手のやりとりの問題点は、上に立つ者が自分の意見を元々持っていることではない。

自分の意見を相手に伝えたり、一方的な命令を下したりすること自体はかまわない。問題の本質は、相手を決定プロセスに参加させたように装って、その実、自分の意見を押し付けている点だ。これは一種の「当てっこゲーム」であり、ごまかしだ。相手を侮辱していると言える。

解決策を考えるのに相手を参加させるのは、本当に相手の提案に耳を傾けるつもりがあるときだけにすべきだ。

すべてを知っている必要はない

自信がないときほど、自分がすべて把握していなくてはいけないと思い違いをする。新任のリーダーはしばしば部下の意見に耳を傾けない。なぜなら、自分が仕事で知らないことがあるように見えると能力がないと思われるのではないかと恐れるからだ。意見を聞くのは弱さの証拠であり、賢明ではないと考えている。だから新任の上司は、能力的な問題で困っている従業員を見ると、自分のアイデアを押し付けようと必死になる。助けを必要としている部下に聞くことなどないと思っているのだ。

世に広まっている誤解のなかでも最もばかげていて有害なのは、リーダーがすべてを知っているべきだという考えだ。リーダーの仕事は、すべてを知ることではない。人材を適切に組み合わせて組織をまとめ上げ（そもそも各担当者は自分の仕事についてリーダー以上によく知っているものだ）、彼らを共通目標に向かって駆り立てることだ。

自信のあるリーダーは、こんなふうに気楽に部下に質問できる。「どうすればいいのか、さっぱりわからないな。わかる人はいないか？」、「知らないなあ。ちょっと聞いてみるよ」。興味深いことに、夫婦の場合でも相手を問題に関与させまいとするケースがある。しばしばリスクの高い問題については、自分が望んでいる解決策を考えるまで、相方と相談しようとはしない。会話の前に完璧なプランを立てていないと、話の展開が心配だからだ。うまく話がまとまらなかったり答えが見つからなかったりしたら、どうしよう。あるいは、相方がまったく話にならない返答をしたら……。そんな考えから、実際に相談する前に解決策を立ててしまう。

実際の会話の前に頭のなかでシナリオをつくりあげてしまうと、責任ある会話の目的自体が台なしになってしまう。共通目的に役立つ解決策は、両者が協力して練り上げるべきだ。自分のプランを押し付けているような気がしたら、次のことを考慮しよう。あなたは完全なプランをつくる必要はない。あなたがやるべきことは、協力することだけだ。責任ある会話によって共に解決策を練り上げる過程で、人間同士のきずなも深まるだろう。それが共通の課題を克服するために役に立つ。パートナーを排除しないよう、会話の前に解決策をつくらないようにしよう。

子育てでも同じことだ。「うろたえる姿を人に見せるな」ということわざがある。「親は子どもに対して自信と責任ある態度を示すべきだ。子どもは大人がすべてを知っていると信じることで安心感を抱く。だからいちいち子どもの意見を聞くのは子どもを動揺させるだけだ」という意味だ。しかし、親が最善を尽くすのは当然だとしても、つねにすべてを知っているわけではない。その事実を早くから子どもには教えた方がいいのではないだろうか。

もう考え方を変えた方がいい。子どもに意見を聞いても、何も問題はないだろう。たとえば電気製品などについては、七歳の子の方があなたよりも詳しいだろう。自分が博識でないことを気に病む必要はない。なぜなら親には経験があるし、生活費も稼いでいる。子どもとは違うのだ。子どもをリードするだけの力と信頼を持っているのだから心配することはない。

六つの影響要素を確認する

期待外れの行動を目にして、慎重に状況を診断する。そして相手に意欲があることは明らかなのに、そのタスクができないことがわかった。あなたはアドバイスを与えたくてうずうずすることだろう。だが、ここで一息入れよう。そしてこう尋ねるのだ。「問題のいちばん近くにいる立場から見て、どうしたらいいと思う?」

相手の考えを聞いたら、ここで診断ツールに戻る。どの影響要素が関係しているかを、一緒にじっくり考えよう。相手の意見に耳を傾け、協力して問題の本質を見つけ出すのだ。

だが、ここで注意が必要だ。意欲に問題がある場合、いずれか一つの影響要素を改善しただけで、他のあらゆる障害を乗り越えることが可能だ。その仕事が嫌いでも、友人からばかにされても、家族の支援を受けられなくても、あなたにとってお金が必要なら、それだけで意欲が湧くだろう。つまり、意欲に関しては一つの影響要素だけ満たせば十分だ。

ところが能力については逆だ。一つでも壁があれば、他の能力は役に立たない。何をすればいいかを知っており、そのためのツールがあっても。同僚が担当業務をしてくれなければ、それだけで仕事は暗礁に乗り上げてしまう。能力の要素がたった一つ欠けただけでも、タスクを可能にするための他のすべての要素が制約されるため、どのような壁があるのかを注意深く調べよう。さもなければ、せっかくの努力も水の泡だ。協力し合って、少しでもタスクを邪魔する可能性のあるものがないか、しらみつぶしに探しだそう。

ブレーンストーミングで能力の壁を探す

相手がタスクを邪魔している壁を見つけ出そうとしているが、まだすべての要因を探しきれていないとする。そんなときは、あなたは相手と一緒に、根本的な原因が何かをめぐ

図表5- 1

	能　力
個人的	それができるか
社会的	他人からの援助
組織的	組織、環境、物

ってブレーンストーミングをした方がいい。そのために、個人・社会・組織的要因に基づくすべての能力の壁に対処する方法を身に付けておこう。

個人的要因

個人的な能力の壁をめぐってブレーンストーミングをする際には、一つ注意が必要だ。すでに述べたように、人はしばしば、できないことを隠そうとする。とくに基本的な仕事の能力に関わることについては、できないと素直に言わず他の要因のせいにすることが多い。だから相手の個人的能力の問題について話すには、安心させなくてはならない。仕事に対する満足度、知識やスキルのレベルについて慎重に尋ね、前向きな雰囲気で会話しよう。

社会的要因

周囲の人々による支援や妨害について話すのはもっと簡単だ。他人の行動に関する話は、脅威を感じないですむからだ。にもかかわらず、相手が仲間を裏切ることを気にかけていると、他の要因をあげて仲間をかばうかもしれない。その場合、仲間や同僚について安心して話せるようにする配慮が必要だ。「犯人捜し」のような口調は禁物だ。話し合いの目的が、誰かを責めたり懲罰を加えたりするためではなく、能力を制約する壁を探して取り除くためにあることを確認しておこう。

組織的要因

「物」に問題の原因がある場合、話し合いは最も簡単だ。仕事を難しくしている要因が会社にあれば、相手はそれを進んで指摘するだろう。だが、「物」のせいで何かが不可能になっている場合、それに気付かないことが多い。「どうせ、いつものことさ」というふうに、周囲の環境を当たり前のものと捉え、変えることはできないと思っているのだ。そこで考えるきっかけを与えよう。会社のシステム、仕事場の配置、ポリシー、仕事の段取りに至るまで、問題がないか尋ねてみよう。

さらなる三つのヒント

能力の壁についてブレーンストーミングをするとき、話が終わりに近づいたら次の三つの質問を自分に投げかけるのを忘れてはならない。

- 今後も同じ問題が起こることはないか？　能力の壁を取り除いてやったとき、問題が再発しないようにしておかねばならない。問題を一時的に取り繕っただけでは、望ましい解決策とは言えない。たとえば、相手が必要なツールを持っていないとする。電話で注文してそのツールを取り寄せれば一時的な解決にはなるが、「その問題はまた起こりうるか、起こるとしたら、それはなぜなのか」に対する答えにはならない。
- 他の人が同じような問題を抱えることはないか？　解決策を他の人たちにまで拡大して適用する必要があるかどうかを考えよう。仕事のやり方を知らない人のために、あなたとその人とで研修プランを考えたとする。他の人には同じようなプランは必要ないだろうか。あるいは、この問題はその人だけのものなのだろうか。
- すべての原因を探し出したか？　問題をつくり出したすべての原因を明るみにして、完全に解決しただろうか。ある人にソフトウェアの研修を受けさせる必要があるとする。だが、なぜこれまでのコースは役に立たなかったのか。教師の教え方がよくなかったのか。それはなぜか。日本の経営者はリーダーたちに「なぜ」と五回尋ねるという。あなたもすべての問題の要素に取り組んだか徹底的に確認しよう。

必要なときにアドバイスする

話し合いの目的は、能力の壁に突き当たっている人と協力して、その原因を見つけて解決することにある。不必要に解決を急いだり、自分の考えを相手に押し付けたりしてはならない。一方、これまでも述べてきたように、問題を抱えている人こそ問題にいちばん近い。本来なら、誰よりも壁がよく見えるはずだ。にもかかわらず、他の人の助けを借りないと目の前の壁が見えないことがある。その場合にはアドバイスしてその壁が何かをわからせ、取り除いてやる必要がある。

「物」の問題を考える

では、どのような壁が最も気付きにくいだろうか。多くの人は組織的、環境的な要因を見過ごしてしまいがちだ。周囲にある「物」は動かないために、ほとんど目に留まらない。だが、そのまま問題を放置すれば、鍋のなかのカエルのように水温が上がるのも気付かずに、ゆで上げられてしまうだろう。デザイン、ツール、テクノロジー、命令体系、ポリシー、仕事の段取りといったものが持っている隠れた力に、人はなかなか気付かないのだ。

息子がよそよそしくなったとする。その原因は、息子の部屋を地下に移したせいかもしれない。最近、息子と顔を合わせるのは冷蔵庫の前だけだった。しかも、あなたはダイエット中だし、息子は息子であまり居間に出てこなくなったので、それで距離も遠ざかったのかもしれない。物理的な環境が自然と目指すゴールを後押しするように気を配ろう。「物」の力に着目し、困っている相手にもそのインパクトに目を向けさせよう。

仕事の場においては、タスクを妨害するさまざまな官僚的制約がないか、考えてみよう。そのような環境にいると、そこのルールや規制を当たり前のものとして受け入れるようになり、まるで何かのおきてか自然の法則のように思えてくる。すると官僚主義の壁も見えなくなってしまう。

それを見えるようにするには、何も知らない外部者のふりをすることだ。「なぜそれをしちゃいけないの？」というぐあいに、とにかく疑問をぶつけるのだ。もしポリシーが時代遅れになっていれば、それを取り除くことを考える。ルールが厳しすぎるようなら、それを緩和するための許可を取り付ける。多くの場合、会社で新しいルールがつくられるのは誰かが問題を起こしたためだが、それが全員を束縛してしまう。

「みんな、よく聞いてくれ。昨日、ロバータが法律に違反したから、みんなで牢屋に入らなくちゃならないんだ」というようなものだ。

ルールとポリシーですべてを解決できるわけではない。それをつくったのが自分たちなら、なくすこともできるという点を心に留めておこう。手続き書類も壁になっていることがある。書類の様式とサイン欄を変える必要はないだろうか。書類に七人分のサインをもらわないといけないせいで期限内に仕事ができないようなら、なぜサインが必要なのかを再考しよう。ある企業ではサイン欄を見直したおかげで、カスタマーサービスの対応時間を半分に削ることができた。それまでは顧客に応答するまでに七人のサインが必要だった。その企業では、サインを減らすためにこう考えた。許可を与えるのは三人でいい。残りの四人はただその情報を必要としているだけだ。だから三人がサインをしたら従業員にゴーサインを出し、それから残りの四人には事後承認をもらうために書類を回せばいい。

正しい選択をするには、情報に楽にアクセスできることが大切だ。世の中にあふれる多くのデータのうち、適切なデータを適切なときに適切な人に提供してやることだ。たとえば糖尿病の娘が食事療法を守らないとしても、血糖値とその成り行きについて知らなければ、小言を言ってもあまり効果がない。説教するか、懇願するか、あるいは数字とチャートを広げてみせるか。どれが正しい選択に結び付くだろうか。

すべての影響要素を表面化させるための、もう一つの有効なツールはこう質問することだ。「もしあなたがこの部署を率いるなら、この問題を解決するために何をしますか？」

自分が経営者になったと想定してみると、頭が柔軟になる。いま従業員の立場という足かせから解放され、会社がつくりあげたさまざまな壁を取り除く方法を考えられるようになるのだ。

このように目に見えない多くの力の存在を考慮しながら、徹底的に壁を取り払う作業を根気よく続けよう。

両面からチェックする

能力の問題の背後にあるすべての原因を明るみにし、責任ある会話を終える前に、まだ問題が残っている。まだ相手の意欲が湧かない場合だ。あなたが問題を説明し、相手がすぐに能力の壁のせいにした場合、こういうことがよくある。人は意欲が湧かないせいで仕事ができなかった場合でも、それを能力のせいにする傾向がある。その方がより危険が少ないからだ。

つまり、能力の壁を見つけ出し、その壁を取り除いたからといって、本当にやる気になるとはかぎらない。そこで、いったん能力の壁を見つけてそれを取り除いたら、能力と意欲の両面から問題をチェックし直してみよう。「私がその仕事を二時までに仕上げれば、君は五時までに自分の仕事を完成できるということだね？　他に何か問題になりそうなことはあるかな？」

「両面からチェックする」というのは、能力に関する会話を終える際に、意欲の面からもチェックするということを意味する。もちろん、逆もまた真なりだ。相手が「本当にそんな仕事をやらないといけないんですか？　苦痛でしかありません」と言うので、あなたが時間をとって自然な成り行きを説明し、言われたことをやると約束したとする。だが、実は能力の壁にも阻まれていた、ということはありうる。だから、いったん相手がやると約束しても、両面をチェックしよう。「やる気があるようだが、何か解決しておくべき障害物はないかな？　火曜日の九時までに仕上げてくれると信じていいね？」というぐあいに、能力の問題もチェックするようにしよう。

意欲の問題に対処したら、能力の問題がないかをチェックする。逆に能力の問題を解決したら、意欲の有無をチェックする。両面をチェックすることを心がけよう。

相手を安心させて問題のありかを探る

能力の問題に関する説明の最後に、難しいケースについて考えてみよう。ある問題をめぐり相手とブレーンストーミングをしたいと思っても、あなたにはその権限がない場合だ。たとえば、上司がピーク時に顧客対応を手伝ってくれると約束したのに、肝心なときになると姿を消してしまう。その場合、あなたは上司がやる気になるよう意欲をかき立てるべきだろうか。それともこれは本当に意欲の問題だろうか。一つ確かなのは、あなたが本当の理由を知りたいと考えていることだ。上司は嫌な客の相手をしたくないからなのか？その仕事は自分にはふさわしくないと思っているのか？　他にもっと重要だと思っている仕事があるのか？　手伝うという約束を忘れたのか？

あなたは本当の理由を知らない。あなたの唯一の目的は、上司と話し合い、手伝ってくれない本当の理由を確かめ、上司が責任をもって関わってくれるか、上司に手伝ってもらわなくても仕事が回るようにするかだ。つまり、あなたは上司に働きかけて、上司の約束違反についてブレーンストーミングをしなくてはならない。緊急の問題なら、当たって砕けろでやってみるしかない。

許可を求める

これについてはすでに説明したが、根本原因について相手と話し合う権限がなければ、許可を求めるしかない。権限があるとしても、このように許可を求めよう。「問題については同意していただけたので、それを解決する方法について話し合うお時間をもらえますか。同じ問題が繰り返されないように、お力になりたいんです。いかがでしょう?」

フィードバックを求める

根本原因を探るための話し合いにあたり、最も丁重な始め方は、あなたが問題に加担していないか尋ねることだろう。あなたが自分の責任を認めれば、相手も安心して責任を認めやすくなる。「私のゴールは問題の解決です。とくに、お困りの問題に私自身が関与していないかを知りたいと思っているんです」

水を向ける

根本原因について話し合うとき、相手がしばしば不安を感じるのは、原因の究明によって自分の弱さが暴かれたり、身勝手と思われたりすることを恐れるからだ。仕事の能力がないのは困るが、意欲がないのはもっと問題だ――。あなたはこのような見方を変える必要がある。根本原因をめぐる話し合いで大切なのは、期待に添えなくても相手を価値ある人間と認めていることを、相手にわからせることだ。話し合いの目的は性格を直すことではなく、問題を解決することだ、と。

問題の根本原因がわかっても責めたりしないことを相手にわからせるいちばんの方法は、「水を向ける」ことだ。ムッとして強い口調を使ったり相手を批判したりせず、あなたが推測した最も可能性のある原因を説明してみよう。そうすれば、相手は安心して思ったことを率直に口にしやすくなる。水を向ける効果を発揮するには、相手を安心させて、あなたが語る推測を事実だと認めても大丈夫だという雰囲気をつくることだ。ここでは言葉の選び方、ボディーランゲージ、口調などが大切になる。その後で、「その仕事はあなたにとって難しすぎないか?」という質問に移ることを考えよう。

逆に、恩着せがましい口調で話し、怒ったり、自分の才能を引き合いに出したり、皮肉を言う。しまいには偉そうな態度をとる。これが心配して心から相手を助けようとする人の態度だろうか。このような話し方をする人に心を開こうと思うかどうか考えてほしい。

うまく水を向けることができたら、おとしめたり批判したりするためにではなく、問題について純粋に話し合おうとしていることが伝わるはずだ。話し合いがうまくいくかどうかは、相手を人間と見ているか悪党と見ているかにかかっている。相手を人間と見なして問題解決の手助けをしたいと考えていれば、ほとんどの場合はうまくいくはずだ。

【この章のまとめ】

容易にする

ギャップについて慎重に説明した後は、問題が意欲と能力のどちらに原因があるのかを聞き出す。この章では六つの影響要素のうち能力の面について説明した。相手にタスクを行う能力がない場合、それが可能になるように容易にしてあげる必要がある。

- 能力の壁にぶつかっている場合、不可能なタスクを可能にし、嫌な仕事は抵抗を取り除く。つまり問題が能力にある場合は、仕事を易しくしてやればいい。
- 一緒に原因を見つけよう。その場合、あなたのプランを押し付けないように気を付ける。協力して真の原因を診断し、有効な解決策を探し出せば、相手を力づけることができる。相手の考えを聞き出した上で、「それをやるためには何が必要だと思うか」と尋ねることが重要だ。

- 相手がすべての原因を見つけ出せないときには、一緒に個人的、社会的、組織的要素のどれに根本原因があるか考える。六つの影響要素を思い出そう。必要なら、どの要素が問題なのか、あなたの考えを示しつつ、ブレーンストーミングで知恵を出し合う。
- 能力の壁を見つけてそれを解決したら、意欲と能力の両面からチェックする。能力の壁を取り除く措置をとった後に、相手に意欲があるかどうかを見極める。可能になったからといって、その仕事をやる意欲が湧くとはかぎらないからだ。

次章では……

責任ある会話の最中に、別の新しい問題が起こったときにはどうすればいいだろうか。それに取り組むにはどうしたらいいのか。そういうときには、問題の焦点を絞ることと柔軟になることの両方が必要だ。

6

原則を守りつつ、柔軟に
——相手が話をそらしたり、暴力的になったり、黙り込んだりしたら

私には断固として譲れない原則がある。それはつねに柔軟であることだ。
——上院議員、エベレット・ダークセン

以上の章まで、責任ある会話をマスターするための見取り図を示してきたが、それらは基本的な原則とスキルであり、いつどのような場合にでも適用できる絶対的な方法ではない。原則とスキルは会話の展開を見ながら、その場でうまく加工する必要がある。

その場の状況に合わせて会話を組み立てるには、大きな柔軟性が求められる。ギャップについて説明したら、相手が期待に沿えないでいるのは意欲と能力のどちらに問題がある

のかを診断する。そこで間違えると、道を踏み外して誤った拙速策をとってしまう恐れがある。「今年いちばんの大事な会議に三〇分も遅刻するなんて信じられない。お母さんの葬式でもあったのか?」

言うまでもなく、これはまずいやり方だ。

さらに問題がある。責任ある会話はぶっつけ本番だ。ゆっくりと考えている暇はない。それだけでなく、その場で発生する新たな問題に対処するために、十分な柔軟性を持たねばならない。Xという問題について話している最中に、Yという問題が起きるのだ。

たとえば、仕事を公平に分け合う相談をしているときに、相手が急に怒りだす。ピアノの練習をサボった娘と話し合っていると、見え透いた嘘をつかれる。納期に遅れた従業員と話していると、反抗的な態度をとる。失業中の夫と求職活動について話していると、話をそらして哀れみを乞う。経理担当者に月末の会計資料ができていない理由を尋ねるといきなり黙り込み、怒りだす。こうした突発的な状況に対処しなくてはならない。

原則を守りつつ、柔軟になる

こういった新たな問題が発生したら、話をわき道にそらさないよう、原則を守ることが大事だ。話が散漫にならないように。また必要な場合には、いまの話題からいったん離れてその場で新しく発生した問題に対処する柔軟性を持つことも大事だ。

責任ある会話のなかで新しい別個の問題が生じたとき、ひとつ決めるべきことがある。当面の問題から離れて新しい問題に取り組むか（その場合、また続きから話ができるよう覚えておく必要がある）、あるいはそのまま話を続けるのか。これは第1章で取り上げた、適切なテーマは何かという問題に関わるが、ここではその場で適切なテーマが変わるケースについて考えよう。

新たな問題に話を移すかどうか、決めるのは簡単だ。もし新しく持ち上がった問題が元の問題より深刻であったり、一刻を争うものだったり、感情的なものであれば、ただちにその問題に対処すべきだ。相手にとってそれが重要なものであっても同様だ。より重要な問題が起こっているのに、そのまま放置しておくわけにはいかない。

たとえば、親子の会話で子どもが嘘をついた時に放っておくことはできない。嘘をつくのはピアノの練習をサボることよりも悪いからだ。従業員の反抗もそうだ。こういうときは、その場で話をしておかないと信頼性が損なわれてしまう。相手が怒っているときも、何でもない振りをしていたら事態は悪くなる一方だ。

しかし幸いなことに、新しい緊急課題に対処することを選んだ場合も、これまで見てきたスキルはそのまま適用できる。もちろん、新たな問題に対処することを選んだら、その問題に集中すべきだ。言いくるめられて横道にそれたり、脱線して問題から問題へと当てもなくさまよったりしてはならない。フォーカスを注意深く新しい問題に移そう。つまり、緊急な問題が新たに浮上したときは、次のような方法をとればいい。

・柔軟になる

新しい問題をメモする。

元の問題か、新しい問題か、それとも両方か、適切な問題を選ぶ。

新しい問題を解決してから元の問題に戻る。

・原則を守る

一度にひとつずつ問題を解決する。

新しい問題に意識的に取り組む。無自覚に流されないように。

四つの新しい問題と対処法

新しい問題にどう対処するか考えるため、四つのカテゴリーに分けてみる。「安心感の欠如」、「信頼の欠如」、「まったく違う問題の浮上」、そして「感情の爆発」だ。それぞれのカテゴリーに必要な基本的なスキルは同じだが、異なるところもあるので、そこには注意が必要だ。

相手が不安な場合

新しい問題が持ち上がる原因のうちでいちばん多いのがこのケースだ。すでに前に説明したように、責任ある会話のなかで相手が不安になれば、話し合いから逃げようとしたり、反発したりする。どちらの反応も生産的な話し合いに急ブレーキをかけるものだ。つまり不安からくる沈黙や暴力が、新たな問題の一つ目だ。

この場合、話し合いをいったん中断して相手を安心させないと、元の問題も決して解決できない。そこでいったん引き下がり、相手を安心させてから話し合いに戻ることだ。この場合、話のテーマ自体は変わっていないから、そのことで気にする必要はない。目の前にある問題は話し合いのテーマではなく、相手が安心感を持てないでいるという事実そのものだからだ。

安心感を取り戻すには、共通目的に目を向けさせる。双方が同じことを気にかけているという事実を、相手に確信させるのだ。誤解を解くためにコントラストを使い、必要なときには謝ろう。そうやって相手を安心させないと、本来の問題は解決できない。

退屈な仕事の手伝いをすっぽかす同僚と話し合いをしているとしよう。あなたを手伝ってくれると約束していたのに、電話がかかってくると席を立ってしまい、仕事が終わるまで戻らなかった。あなたはギャップを説明し、慎重にプロセスを共有する。退屈な仕事を避けるために、わざと席を立ったのではないか。あなたがそう言うと、彼女はいきなり反発してそっぽを向き、激しい口調でこう言う。「私のことを信用できないって言うの？あなたを利用しているとでも？　私のことをそんな風に見ていたのね」

そこであなたは共通目的を共有しようとする。「僕はただ、嫌な仕事を協力して終わらせるための方法を考えたかっただけさ。二人ともあの仕事はやりたくないんだから」。そしてコントラストを使う。「君のことを疑っているわけじゃない。いい友達だと思っているよ。ただ仕事について話し合いたいだけなんだ」。そして、こう謝罪する。「もし君を責めているように聞こえたなら謝るよ。ただ、手伝いが必要だと知っていながら、なぜ仕事の途中で抜け出したのか不思議に思ったんだ」

信頼が裏切られた場合

これは四つのうちで最も危険な問題だ。責任ある会話の大敵であり、会話が失敗に終わる大きな原因でもある。部下がパソコンの研修に行くことになっていたのに、それをすっぽかした。あなたが理由を尋ねると、彼は「行こうと思っていたのですが、事情がありまして」と答える。

これは意欲の問題なのか、能力の問題なのか。判断がつかないまま、あなたは単刀直入に何があって行けなくなったのかを尋ねる。まさか机の上に隕石が落ちてきたわけでもあるまいに——。あなたは最初から疑ってかかっている。彼がパソコン研修を嫌がっていることは、あなたも知っているからだ。だが、パソコンの知識は絶対必要だ。だから他のメンバーに迷惑をかけることは承知の上で、彼の予定を優先したのだった。彼は理由をこう説明した。

「給与課のオマールが本社まで送ってほしいと言ってきたんです。車で出勤したのは私だけで、他の人はみんな地下鉄で出社して車がなかったものですから」

「オマールの使い走りが研修よりも重要なのかい?」と、あなたは尋ねる。

「もちろんです。だって、給料の話ですよ」

「確かに、給料のことは大事だ」

ここでの問題は、研修と天秤にかけて給料の方を優先する話にあなたが乗っかってしまったことだ。給料のことは、少なくともここではたいした問題ではない。いまは信頼が壊れたことについて話すべきだ。相手は約束をしたのに、一方的にそれをすっぽかした。これは信頼を大きく損ない、人間関係を傷つけるものだ。この違反をごまかそうとして、相手は関係の問題よりも内容(給料と研修)にスポットを当てているのだ。

これは会社という場では、最重要の問題だ。給料のことを含めたとしても、壊れた信頼関係を修復するよりも重要なものはない。期待を裏切ったにもかかわらず、相手はその責任を問われなかった。つまり、約束違反という本当の問題から逃げおおせてしまったのだ。

ちょっと事情があって

約束違反をしたのに「事情があって」という言い訳を許している企業は、長続きはしないだろう。約束が守られないと、職場に不愉快な空気が漂う。頼んだ仕事が実行されるのが当然でなくなってしまう状況ほど、信頼を壊すことはない。あなたは上司から監視されずに気ままに仕事をしたいと思うかもしれないが、他の誰かが同じようにルーズで約束を守るかどうかわからない状態は嫌だろう。言い訳を許す企業は救いようがない。

同様に、家族でもお互いに約束を守らず、その成り行きを無視していると大変なことになる。無責任で気まぐれな親に育てられた子は、非行に走ったり精神的に不安定になったりする傾向がある。また、子どもが約束を破っても放任してわがままを許していたら、この約束は守るがあれは守らないというような、好き勝手な態度が身についてしまい、人に迷惑をかけるようになるだろう。

原則と柔軟性を両立させる

だが現実には事情が変わることはありうる。激動の世の中にあって、状況はつねに変化する。新しい情報が入ってきたのに途中で予定を変更できなければ、企業は立ち往生しかねない。だから強く、かつ柔軟であらねばならない。しなやかに曲がっても、折れないようにしなくてはならないのだ。

では、原則を守りつつ柔軟であるにはどうしたらいいのか。べつに難しくはない。責任をおろそかにしない組織では、次の単純な原則が守られているものだ。「事情が変わったらすぐに知らせること」

この一言が、原則と柔軟性を両立するコツだ。この短い一言のなかに、一見矛盾する二つの要素が完全に調和をなしている。この短い一言を、実際にはこんなふうに活用しよう。

「約束はぜひ守ってもらいたい。一方的に破らないで欲しいんだ。とにかく仕事の原則は守ってくれ。しかし状況が変わることもあるのはわかっている。何らかの事情で約束が守れなくなることもあるだろう。その場合は速やかに知らせてほしい。そうすれば不意を突かれることもなく、対処する方法を一緒に考えることができるからね」

次のような例を見てみよう。

事情の変化が意欲にも影響を及ぼすことがある。あなたの息子が放課後に数学の追試験を受けに行く途中だったとする。その道で叔父さんにばったり会って、一緒に映画に行こうと誘われる。叔父さんが離婚して寂しいのを知っていた息子は、映画に付き合うことにする。つまり、息子はあなたに黙って優先順位を変えたのだ。息子が家族のことを優先するか、追試を優先するか、それとも両立させる方法があるのかは、親子で考えるべき問題だ。

事情の変化はしばしば能力にも影響する。工場でエアコンが故障したとしよう。現場の責任者は予定のノルマを達成していないのに従業員を帰らせようと考える。これはもしかしたら正しい解決策かもしれないが、まずは関係者（上司）に知らせて、それがベストな判断かどうか相談すべきだ。納期を遅らせた場合のコストを負担するよりも、サービスマンに追加費用を払ってもすぐにエアコンを修理させた方が経営上は理にかなっているかもしれない。

「事情が変わったらすぐに知らせる」という原則を守れば、速やかなコミュニケーションを期待できる。科学技術が発達したおかげで、非常にスムーズな連絡が可能になった。Eメール、ボイスメール、メッセージ、携帯電話を使えば、クリックひとつで光の速さで連絡を取り合うことができる。いまではマルコポーロの一億倍も速く中国にいる人に連絡することができるのだ。

責任ある会話の土台とは

再び事情があってパソコン研修をすっぽかした従業員の話に戻ろう。彼に対して何と言えばよかったのだろうか。約束違反にどう対処するかは、それぞれの企業がどのような企業文化を持っているかにかかっている。その会社が大ざっぱなルールしか持たず、これまでもいきなり約束をすっぽかされる可能性があり、何事も以心伝心で決まるような環境だったとすれば、今回の件もその酬いとしか言えない。これでは解決は難しい。実際、多くの企業や家庭では、次のような公式が当てはまる。

成果＝成果ゼロ＋上手な言い訳

責任体制がいいかげんな組織では、うまい言い訳さえできれば、それは成功したと見なされるのだ。このようなデタラメが主流を占めている企業では、もっともらしい言い訳で取り繕うことができれば、失敗も成功と同じだ。もっともらしい言い訳とは、誰もが知っている。「事情が変わった」である。これはオールマイティーのストーリーだ。これさえ唱えれば責任から逃れられる。友人や家族、上司、同僚たちが見逃してくれるわけだ。

だが、あなたはもう子どもではない。責任ある会話とは約束違反に対処するためのものであることや、約束が守られない組織は破綻してしまうことも理解しているだろう。事情が変わったり、予定を変える必要があったりすれば、速やかに相談すべきだということも知っているはずだ。

したがって、あなたが会社で初めてチームを任されたとき、この重要な台詞を噛んで含めるように伝えた。「事情が変わったらすぐに知らせてくれ」

この短い約束さえ守れば、混沌とした世界で先が見通せるようになることを説明し、約束を守ることと柔軟に対応することを両立させるため、このシンプルな一言の重要性を強調した。そして部下にパソコン研修を命じたときには、あらためてこの方針を念押ししておいた。「ところで、もし事情が変わったらすぐに知らせてくれ」

では、給料課のオマールから用を頼まれたら、元の約束をすっぽかしてもいいと考えている社員に対して、あなたは何と言ったらいいだろうか。適切な会話はどのようなものだろうか。問題は彼が研修に出席しなかったことではない。それは問題の一つではあるが、ここで重要なのはそれではない。真の問題は、彼が自分で勝手に判断して、予定を変更したことだ。自分独りで決めただけでなく、あなたに連絡することも怠った。つまり彼は決定からあなたを完全に排除したのだ。つまり、これは信頼の問題だ。

もしあなたが研修の問題だけを取り上げ、信頼の問題については言及しなかったなら、どうなるだろうか。あなたは不満なままだろうし、相手に対する信頼も回復できないだろう。また、会話の誤りについても気付かないことだろう。当然、あなたが信頼の問題について話をしたなら、約束に背いたことを手厳しく追及することになる。彼が今後も約束を守るかどうか信頼できない。言ったことを実行してくれる保証がなくなったからだ。あなたはその部下を念入りに見張り、仕事ぶりを細かくチェックすることになる。あなたも相手も、そんなことはごめんだろう。これが新しい問題であり、それに伴う成り行きである。

信頼の基盤を築く

信頼の基盤を構築し、その上に責任ある会話が可能な雰囲気をつくるには、原則を守ることが必要だ。はっきりと明確に指示を伝えると同時に、柔軟に対応する。そして会話の最後を「事情が変わったらできるだけ早く知らせてくれ」という一言で締めくくる。また、「事情ができた」ことを言い訳に使う人との会話では、信頼が崩れたことを新しい緊急の問題として取り上げる。話を横道にそらさないようにしよう。

新たな問題が忍び寄る

新たに生じるもうひとつの緊急課題を見てみよう。約束が破られたことをめぐる話し合いのなかで、相手は事情が変わったと言い訳しながら、元の問題よりももっと悪いことをしているケースだ。

あなたはチームで唯一の女性社員だ。いまあなたは誰もが嫌がるタスクを分担しない同僚と会話をしている。あなたはその同僚と、すべての仕事を公平に分担する約束をしていた。ところがチームのメンバーは四人なのに、彼はタスクのうち一〇パーセントしか担当していない。これでは不公平極まりない。

あなたはまず相手とその事実を共有し、あなたと他のメンバーが出した結論――彼は意図的につまらない仕事をサボっているのではないか――を慎重に告げることにした。話し合いは首尾よく終わったが、彼はこんなふうに述べた。「率直に話をしてくれてよかったよ。僕みたいなタイプの男を、女性は野放しにしておいちゃダメだ。僕は気が強い女性は好きなんだ」

あなたはさらに問題解決のプロセスを進め、彼が面倒な仕事を分担することに同意するかどうか見極めようとする。すると彼はこう付け加える。「強引な女性を見るとスイッチが入るんだ」

そして彼はあなたに体を寄せてきて、いやらしい視線を送る。その態度や言葉使いは問題だ。そこであなたは、「スイッチを入れるのは電気製品だけでいいわ」と、冗談交じりにやんわりと注意して、いったん場を和ませようとする。

すると彼は「君のスイッチはどこかな？」と返してきた。

これこそが問題だ。彼の無神経な態度がやまないので、あなたはいったん仕事の不公平の問題を脇に置いておいて、新たな問題に取り組むことにする。彼の態度は不適切であり、あなたは不快に思っている。これはセクハラと言うべきだ。体を寄せてきて、いやらしい視線で彼女を見つめ、セックスをほのめかす。これこそが、いま話し合うべき問題だ。

新たに持ち上がったこのデリケートな問題に対処するために、まずは話題を変えることを相手に伝える。話題の変更をするのはいいが、つねに自分が何を問題にしているのかを明確にしておこう。そしてこれまで何を話していたか覚えておき、後でいつでも元の話に戻れるようにしておく。さもなければ、何をいま話しているのかわからなくなり、話題を変えたことも忘れてしまうからだ。「いま起きたことについて話したいのだ」とはっきり言おう。

この一言で、会話はいったん止まる。次に、これまでに本書で得たスキルを総動員しよう。まず、話し合いたい問題を絞り込む。そしてストーリーを活用する。「汚いブタめ、死ねばいいのに」というような怒りの感情を、他のものに変えてやるのだ。彼はデートでもしているつもりで甘えているのかもしれない。より正確なストーリーをつくることで、感情をコントロールしよう。それができたら、ギャップを説明し、内容に関する会話から、関係（彼の失礼な行動）に関する会話へと移る。「〝スイッチ〟の話をしたり、にじり寄ってきたり、不愉快です。さらに私の体をなめ回すように見たり。どういうつもり？」

これまでも同じことをしてきて、こんな指摘を受けたのは初めてだ。ショックを受けた彼は、彼女に謝罪して二度としないことを約束した。

あなたは、はっきりと念押しして、この話を終えることにした。

「じゃあ、これからは私を一人のプロとして扱うと信じていいのね？」

彼はすばやくうなずく。

ここまでは簡単だった。成り行きを話したり、能力の見えない壁を分析したりする必要もない。「申し訳ない。育ちが悪くて対人スキルがちょっと足りないんだ」。彼が非を認めたため、あなたはホッとする。

さて、次はもう一つのテーマだ。元の問題は何だっただろうか。仕事の公平な配分の問題だ。それがまだ片付いていなかった。ここで考えるべきことがある。しばしば問題が大きい場合には、場を改めるべきときもある。すぐに話を続けるのは精神的負担が大きいからだ。今回の場合、もしかしたら彼は面子がつぶれ、自分を落ち着かせるためにその場を立ち去りたいと思っているかもしれない。もちろん十分な安心感が確保できていて、話を続けても大丈夫そうであれば、そのまま継続して最初の話に片を付けてもいいだろう。どこまで話をしたかを思いだし、そこから話し合いを再開しよう。

この手順は、責任ある会話の途中で起こった新しい問題のすべてに適用できる。元の問題をいったん棚上げして、話題を変えることを相手に告げる。新しい問題について話し合い、満足できる解決策が得られたら、あらためて元の話題に戻るかどうかを決めればいい。

では、ピアノの練習をサボったことについて七歳の娘と話し合っているとしよう。「練習はやったよ」と娘は答える。だが、あなたは約束の時間にピアノの前で洗濯物を畳んでいた。「あなた、ここにいなかったじゃない。どうやって練習したの?」。嘘がばれた娘は、わっと泣き出してしまう。ここで新たな問題が登場した。

「毎日四時から練習するのが嫌なの。だって、その時間にみんなも遊んでるから、友達がいなくなっちゃう」

娘がなぜ練習をしなかったのか、これで理由がわかった。だが、いまはそれよりも嘘をついたことが問題だ。ここで会話は関係の問題に移る。もちろん娘は練習時間の変更について話し合いたいだろう(内容の問題)。そうすれば娘にとって問題はなくなる。だが、嘘をついたという、もっと大きな問題に集中する必要がある。適切な会話を心がけよう。

「たったいま起きたことについて話し合いたいの」

「何のこと?」

「お母さんがピアノの練習のことを聞いたら、やったって言ったよね。でも、やってなかった」

「だって、みんな外でキックベースをして遊んでいたから、一緒にやりたかったんだもん」

「練習時間のことは、後でまた相談しましょう（立ち返るべき問題を覚えておく）。いまはお母さんに嘘をついたことについて話したいの（新しい話題を告げる）」


そして嘘について話し合う。娘は、二度と嘘はつかないと約束したが、あなたは嘘をついた場合の成り行きについて、娘が十分に理解しているかどうか心配だ。そこで、こう説明する。「嘘をつくと、お母さんはあなたの言葉を信じられなくなっちゃうかもしれないよ」。これをしつけのチャンスととらえて、嘘をついたことの自然な成り行きを説明し、問題に向き合った結果、娘は謝った。その後、娘はピアノの練習時間を変えてほしいと言ってきたので、もっと遅い時間にずらすことで問題は解決した。

いったん元の問題から退き、話題を変えることを相手に告げ、新しい問題を知らせる。そして満足のいく結果を引き出した後に、元の問題に戻るかどうかを決めればいい。もちろん、これは新しい問題に気付き、それに取り組むことを選択した場合のことだ。元の問題を扱っている最中にこの手順を実行するのは難しいかも知れない。だが、これが現実の人間関係というものだ。新しい問題がいつ起こるかはわからない。

ときには数分のあいだに三つの別々の問題が浮上してきて、その場でどの問題に対処するか決めなくてはならないこともある。たとえば、失業中なのに求職に熱意のない夫と会話しているとする。あなたに十分な収入があって家計を支えているので、夫は家でぶらぶらして、ネットサーフィンをしながら時間を潰すようになった。だが、失業中は新しい仕事を探すのが仕事だと、あなたは思っている。そこで責任ある会話に取り組むことにする。

ところが夫は、「失業したのは不景気のせいで、僕が悪いんじゃない」と言う。さらには「僕がどれほど嫌な思いをしているか、わからないのか。外国人労働者に仕事を奪われているのに、もっと同情してくれてもいいじゃないか」と言って、あなたの感情を逆なでする。

失業した当初、夫はあまり積極的に仕事を探そうとしなかったので、あなたは夫と相談して一緒に求職プランを立てた。毎日八時間かけて求人情報を探し、履歴書を送り、応募書類を作成するというものだ。ところが夫が約束を守らず、そのプランを実行しないので、あなたはそれについて話し合いたいと考えている。しかし夫は自分の約束不履行のことから話をそらして愚痴ばかり言う。そこであなたは元の問題に話を戻して、求職活動をする約束が守られていないというギャップについて説明する。すると夫は、「しつこいなあ。もう僕にかまわないでくれよ」と文句を言う。

この時点で、あなたが取り組みたい問題はいくつかあるが、適切な問題を選択するために、前に説明したCPRモデルを思い出そう。まず、内容についてだ。夫は仕事を探す気があるのか。これが元々の問題だ。これは大切な問題であり、簡単には引き下がれない。次に、パターンだ。この問題を取り上げるのは、これで三回目だ。最後は関係の問題だ。夫は自分の約束違反を無視して同情を求め、あなたの神経を逆なでしている。さらに話をそらして、あなたを操ろうとしている。あなたに「しつこい」などとレッテルを貼って、本来の問題から目をそらさせようとしているが、これは侮辱的な振る舞いだ。

これらの複合的な問題があるなかで、CPRモデルのうちどれを選んだらいいのだろうか。それを知るには、第1章で尋ねた質問を思い出そう。話がどんどんそれていく場合、「自分は何を欲しているのか」と自問するのがいちばん簡単な方法だ。そうすれば、どの問題に取り組むべきかは自ずと決まるだろう。

爆発的な感情に支配されているとき

では、新たに持ち上がった問題の四つ目のカテゴリーに移ろう。相手が感情的になり、黙り込んだり暴力的になったりするケースだ。自分の主張を強引に押し付けてくるだけでなく、怒って暴言を吐いたりする。そんなときには相手が落ち着くまでは、安心させるための方法も使えない。例を見てみよう。

穴掘り用ショベル

東アジアから園芸用具を輸入する小さな家族経営の会社での話だ。あなたはそこのマネジャーとして働いているとする。経理担当のカールは大柄でぶっきらぼうな男だ。あなたはカールに、昨日の夕方までに月末資料をつくるよう頼んでおいたのだが、それがまだできていないことに気付く。そこでカールの部屋に出向いて、責任ある会話を始める。

責めるような口調にならないよう気を付けながら、まずはギャップを説明する。「今朝見たら、私のボックスに月末資料が入っていなかったんだが、何か問題でもあったのかい？」。するとカールは、その資料がそれほど重要だとは知らなかったし、資料づくりは面倒だと言い訳する。それでもあなたは一足飛びに力に訴えることはせず、いくつか自然な成り行きを共有する。するとカールは、「いまからすぐに取りかかります」と答える。

あなたが期待するのはこうした展開だ。あなたはマネジャーとしての威厳を保ち、話し合いの努力は報われる。ところが、そうはうまくいかないこともある。あなたが慎重に問題を説明したとしても、カールは責任ある会話のことは知らない。いくらあなたがマネジャーのかがみでも、カールが怒りだしてこんな反論をするかもしれない。「私は会社にいちばん貢献してきたと自負していますよ。締め切りに一回遅れただけでこの扱いですか。やってられませんよ！」

そして彼は商品サンプルの穴掘り用ショベル（園芸用具の一種）をつかむと、キャビネ

図表6-1　行動へのプロセス

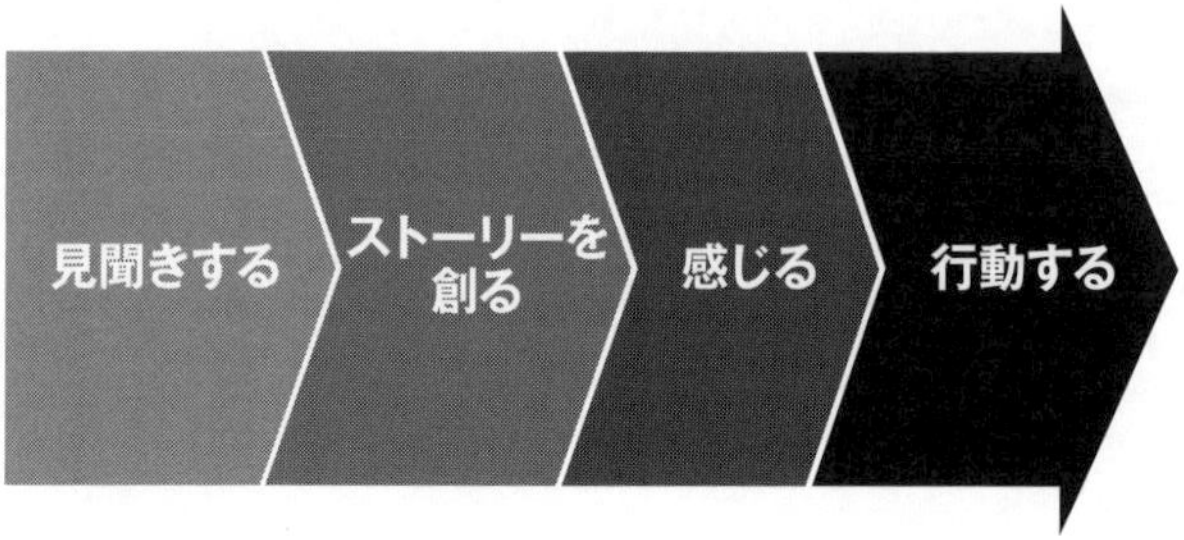

ットに向かって投げつけた。こんなときには、どうすればいいのだろうか。

怒りの実体とは？

怒り、不満、恐れ、悲しみ等の感情をぶつける人に対処するには、それらの感情の源へと切り込むことが必要だ。再度、実行へのパスを確認しよう（上図）。

あらためて言うが、感情はどこか他から来るものではなく、自分でつくるものだ。期待が裏切られると、頭のなかでストーリーを組み立てる。そのストーリーが感情の元になるのだ。

強い価値観を含むストーリーを組み立てると、強い感情が生まれる。同僚が約束を守らなかったのは、あなたを見下しているからだ。上司が細かく仕事に口出しするのは、あなたを信じてないからだ。あいつが昇給したのは、ひいきされているおかげだ。隣の人がすごいスピードで車を飛ばしていったのは、あなたの安全などどうでもいいからだ——。あなたはそう信じ込み、憤慨する。するとアドレナリンが分泌され、感情が高ぶり、思考力が低下する。

人が怒るのは、誰かに聖域を踏みにじられたと感じたときだ。

もしあなたが感情をコントロールしたければ、自分のつくるストーリーを変えてやることだ。違うストーリーを組み立てれば、感情と行動を変えることができる。ところで、他人の感情をコントロールするにはどうしたらいいのだろうか。どうやって相手のストーリーを変えればいいのか。

カールの例で考えよう。あなたは彼に月末レポートを頼んだが、彼はそれに対して穴掘り用ショベルで応じた。彼は社内で最も分別ある従業員の一人だ。明らかに、そこには隠された何かがあるはずだ。あなたがプロのマネジャーとしての節度を保ち、問題の説明から会話を始めたにもかかわらず、彼は言い逃れをし、声を荒げて、やってられないと言いながらキャビネットに物を投げつけた。どう対処すべきかはわからないが、物を投げたことはもちろん問題にしなくてはならない。

ここでわかっていることは何か。第一に、カールはただあなたの質問だけに反応したのではない。それまで彼は頭のなかで長らく自問自答していて、あなたはその最中に話を始めたのだ。第二に、カールは問題について冷静に話し合う心構えができていなかった。彼の感情はアドレナリンに支配されていたわけだ。第三に、カールの怒りを鎮めるには、その心の底にあるストーリーを理解する必要がある。そのストーリーを作りあげたのは彼であって、あなたではない。

怒りに対処する

1．あなたの安全を確保する

ひとつ幸いだったのは、カールはネアンデルタール人ではなく、企業人のスタイルであなたに戦いを挑んできたことだ。彼の遺伝子は数万年もの進化の過程で、あなたを攻撃しないように抑制されている。だから物を投げつけた相手も、あなたではなく罪のないキャビネットだった。つまり、カールは怒りをあなたに見せつけただけで、理性まで失っていたわけではない。だから、あなたも身の危険を感じる必要はなさそうだ。

ここがひとつ、確認すべきポイントだ。相手が怒っていれば、それが暴力につながる可能性はつねにある。一線を越えてエスカレートする危険はないかチェックする。しかし、職場で部下から暴力をふるわれることは、まずないだろう。ほとんどの場合、部下は暴力よりも沈黙を選び、友人や家族に愚痴を言ってすませる。被害者を装って上司を悪者にするのだ。腹を立てて文句を言うことはあっても、それを爆発させることはない。

それでも例外はあるから、状況がどれほど危険かを見極めよう。相手がペーパーナイフを手にあなたのデスクに迫ってきたら、傾聴のスキルや怒りを静めるテクニックはもはや通用しない。

危険を察知したら、その場を離れよう。ヒーローになろうとしてはいけない。戦わずに逃げるのだ。その後に警備会社や人事部など、しかるべきところに連絡しよう。そしてあなたの上司に何が起きたかを知らせる。自分ひとりで危険に立ち向かってはならない。

2. 感情を沈静化させる

危険がないようなら、まずは感情の問題を処理する。議論自体には触れない。たとえば相手が麻薬中毒だったら、仕事の話より先に、薬物の問題を解決しようとするだろう。薬物の影響下にある人と理性的な議論ができると思ったら大間違いだ。

怒りも過激で異常な反応の元になる。怒りによって分泌される化学物質は、もちろん麻薬とは違うが、肉体を行動へと準備させる。そうなると落ち着いた会話は不可能だ。したがって感情が沈静化するまでは、議論の内容に踏み込むことはできない。怒りがおさまらないと人の話は聞けないし、自分の言いたいこともはっきりと説明はできない。だから怒っている人にどんな話をしても耳には入らないし、何か提案をしても攻撃として受け止められる可能性が高い。話の中身に踏み込みたくても我慢しよう。感情を鎮めることが優先だ。

しかし、不健全なストーリーによって油を注がれた怒りの炎に、どうやって水を浴びせたらいいのだろうか。

よくある間違い

正面から怒りに立ち向かうのは非常に労力を伴うし、それをうまくやりおおせる人はほとんどいない。ここでは、やってはいけないことを三つ挙げておこう。

（1）**相手につられてはいけない**　ほとんどの人は怒りに対して怒りで対応する。それが人間の自然な傾向だ。相手に引きずられて、自分もモンスターになってしまう。そうなっては何の成果も期待できない。人は自分が大切にしている価値観が踏みにじられたと思うと怒りを感じる。他人から怒りをぶつけられると、自分の大事な価値が壊されたと感じるので、その反応として怒りを覚えることになる。

（2）**気取った態度をとってはいけない**　あまり多くはないが、相手が怒っているときに気取った態度に出る人もいる。

憤慨した従業員が大声をあげる。「経理部がまた私の給料を払い忘れたんですよ。これで三回目です！」

するとと上司がこうやり返す。「おやおや、そりゃ大変だ。私が君の仕事をしていた時代には、給料をもらいに六階まで階段を上っていったもんだ。二カ月も給料が出なかったときもあるぞ。しかもクリスマスシーズンにだ。まあ、焦らずに気楽に構えるんだな」

人は怒っているとき、自分の問題を話して解決しようと思っているのだ。あなたの話を聞きたいわけではない。あなたの昔の苦労話と比べてどちらが大変かなどと比較しても仕方ないのだ。

（3）**相手を見下してはいけない**　怒っている人の前で聖人ぶることはまったく役に立たない。次の例を見てみよう。

部下があなたの部屋に駆け込んできて、こう不平を述べる。「ラリーは会議を何だと思っているんですか。みんなの前で私に恥をかかせたんですよ！」

あなたはこう答える。「気にしない、気にしない。何を子どもみたいにギャーギャー言ってるんだ。もっと大人になりなさい」。あるいはこうも言うかもしれない。「君は感情を抑えることを知らないのか。このお金でコーヒーでも飲んで頭を冷やしてきなさい」

だが、「落ち着け」とか「大人になれ」という説教は、大切な価値を踏みにじられて燃え上がった炎に油を注ぐものでしかない。侮辱されて頭に来ている人を、さらにむち打つ行為でもある。あなたの態度は相手を見下すものだ。あなたが優位に立とうとしていることは、相手に伝わるものだ。なのに、あなたは相手のことを思って有益なアドバイスをしているつもりでいるわけだ。

3．相手の実行へのパスを探る

感情の爆発にどう対処すべきかを考えるため、もう一度、実行へのパスを思い返そう。

行動の裏にあるものを考える

相手が著しく感情的になったときは、どうしても表面的な行動に目が行ってしまうが、それは実行のパスの結果にすぎない。あなたの目に見えているのは、相手の行動や態度だけだ。それ以外の感情、ストーリー、相手が見聞きした事実などは、頭のなかに隠されたままだ。

原因に着目する

相手の頭の中身を見るわけにはいかないので、まずは相手の考えや感情を明るみにする作業が重要となる。これはかなりのスキルが必要だ。相手の行動を見たら、それがいかに人をイライラさせるものであっても、落ち着いて実行へのパスをたどってみよう。爆発的な行動を生み出した感情、ストーリー、そして相手が見聞きした最初の事実を想像する。そのなかに感情の爆発の原因と、それを解決するカギが含まれているはずだ。

AMPPを活用して、傾聴スキルをパワーアップする

次に、なぜ相手が感情的になったのかを理解するとともに、自分が理解したことを相手に伝える必要がある。ここで有益な四つの傾聴スキルを紹介しておこう。その四つの頭文字をとって「AMPP」と覚えて、解決への道しるべとしよう。姉妹書『クルーシャル・カンバセーション』の読者であれば記憶があるだろう。

AMPPとは、アスク（質問。会話のきっかけとして素朴に質問する）、ミラーリング（描写。相手を話す気にさせる）、パラフレーズ（言い換え。相手の考えを理解する）、プライミング（呼び水。相手が心を開くよう安心させる）」、のことだ。

「質問」――相手に尋ねて、話のきっかけをつくる

激しい感情を表に出していても、心のなかで起きていることについてほとんど語られないケースはよくある。何か不満があって怒っていることはわかるが、相手が心を開いていないからだ。息子が家に帰ってくるなり、玄関のドアをバタンと乱暴に閉め、教科書をダイニングテーブルの上に放り投げたとしよう。あなたに何か怒っているようだが、ひと言も口を利かない。そこであなたは、まず簡単な質問をして息子の気持ちを探ることにする。

「何かあったのか？」

息子は「何も！」と、ありがちな反応だ。

そこであなたは話し合いを提案する。「そんなことないだろ。何があったか聞かせてくれないか」

「話したくない」

本当に口を利きたくないのかもしれない。だが、話したいのに少し後押しが必要で、あなたが自分のことを気にかけてくれているのか確かめたいのかもしれない。ただ困るのは、表に現れたサインは「話したくない」という一言だけで、これだけでは話をしたいのかしたくないのかわからないという点だ。

そこであなたは息子にこう念押しする。「ちゃんと話を聞くから、言いたいことがあれば言いなさい。それだけでもすっきりするかもしれないし」

「うん……。今朝の理科の授業の前に……」

「ミラーリング」――相手の様子を描写して、話す気にさせる

感情的になっている人と話すとき、ただ相手に質問するだけでなく、もう少し突っ込んで話をしたいときもある。そんなときにはミラーリングが効果的だ。

実例はこうだ。トムという部下が会議の場で肩を落とし、むっつり黙り込んでいる。ふだんの彼は明るくて会議での発言も多い。会議が終わってトムと二人きりになったとき、簡単な質問をしてみる。「どうした？　大丈夫かい？」

実は彼は、恥をかかされたことを気に病んでいたのだ。この一年でトムは一五キロも太り、みんなから「大物くん」とからかわれていた。あなたも会議で彼の最近の業績を褒めるときに「大物くん」と呼んだ。彼はそのネガティブなレッテルに傷ついていたのである。だが、彼に尋ねても、何も言おうとはしない。上司にそんな話をするのは気まずいことだ。そこで彼は口ごもりながらこう言うのが精いっぱいだった。「ええ、あの……大丈夫です」

しかし、彼の口調と態度は、それと逆のことを示している。トムに心を開かせるため、あなたはミラーリングを使う。つまり、口で言っている話の内容とその話しぶりが一致していないことを描写してやるのだ。

「その話しぶりを見ていると、大丈夫じゃなさそうだ。どうも元気がないし、浮かない顔

をしているぞ。本当に大丈夫なのか?」

もちろん、あなたはここで、トムが話しやすいように安心させようとしているのだ。鏡を手にして顔を映し出すように、あなたが彼を気にかけていること、彼の言葉は額面どおりに受け取れないことを伝えてやる。

ただし、トムが本音で話をしやすくするだけで、無理強いして白状させようというわけではない。

「パラフレーズ」――相手の話を言い換えて理解を深める

たまには最初から本音を聞くチャンスもあるかもしれない。ひとりの従業員が興奮して部屋に入ってきて、自分の実行へのパスの中身を洗いざらい吐き出し始める。「ちょっと私、傷ついたんですけど。あまりに管理が厳しすぎませんか? 昨日見せていただいたメモですが、私のことを一時間単位で細かく見張る必要があるんですか? まるで子ども扱いですよ!」

彼女は自分の感情(傷ついた)、ストーリー(あなたが細かく管理しているのは彼女を信頼していないからだ。これは価値の侵害だ)、そして事実(彼女の感情の元になった事実=あなたが彼女に見せたメモやそれまでのいきさつ)をあなたに打ち明けた。

手に入れた多くの情報とともに、彼女の言い分を正確に理解できているかどうか確認しよう。パラフレーズというのは、相手の言ったことを自分の言葉で言い換えることだ。ただしオウム返しとは違う。相手の言ったことをそのまま繰り返すのはうっとうしいだけだし、嘘っぽく聞こえてしまう。相手の話をあなたがどう受け止めたかを自分の言葉で伝えよう。

「私から細かくチェックされたことに腹が立ったんだね。君についてのメモを細かく書いたことが管理のしすぎだというわけかな？」

パラフレーズには二つの役割がある。一つ目は、あなたが相手の話を傾聴し、相手のことを気にかけていると示すことだ。こうするだけでも、相手が落ち着いて冷静な会話が可能になる場合もある。二つ目は、あなたが何を理解し、何を理解していないかがわかることだ。

「いえ、メモのことはいいんです」と彼女は言う。「他の人よりたくさんメモが来るのが、気になるだけです。本当に私は仕事ができないと思っていらっしゃるのですか？」

だとすると、これは公平さや敬意の問題（価値観のずれ）ということになる。

「他の人より多くのメモを君に渡しているから、君のことを尊重していないと思えるんだね？」

「はい。昨日ケンとお話しされていたときには、あまり細かなチェックをしていませんでしたよね。なのに私には……」

「プライミング」――呼び水で安心させる

うまく相手に心を開かせることは、しばしばかなり難しい。彼らは心を開いて話をしたら何かまずいことが起こるかもしれないと考えている。本音を公にして問題になることを恐れているのだ。

話し合いの場をつくりミラーリングをしても、相手の感情がおさまらず押し黙ったままだったら、どうすればいいのだろうか。ここで最後のツールとして登場するのは、相手のストーリーに切り込む方法だ。会話のなかで言葉を補ってやり、呼び水を注いでやる（ポンプに少量の水を上から入れて、目的の水を誘い出すのと同じだ）。そうして相手の言葉を待つ。そのためには、相手が考えていることを想像することが必要だ。「私がアンフェアだと思って怒っているんじゃないの？　昇進したマギーよりも自分の方が能力があるのにとか、いい仕事をするチャンスをもらえなかったとか。どうだね？」

このスキルの後半は、ストーリーを組み立てるあなたの手腕にかかっている。相手の考えを共有して安心させよう。「心配しなくていい。何を言っても平気だ。言い返したり怒ったりしないから」という気持ちが伝わるように、落ち着いて冷静にあなたの推測したストーリーを語ればいい。

4．行動に移す

行動のプロセスについて心を開いて語りあえれば、それによって表面化した問題についても落ち着いて対処できるようになる。ばかにしたり口でやり込めたりすることなく、考えや感情を積極的に聞き出そう。そうすれば相手も落ち着いて思いを語り、あなたの話にも耳を傾けてくれるだろう。相手のストーリーとその原因となった行動が明らかになれば、本来の問題に取り組むこともできるようになる。話を聞くのはそれ自体が目的ではない。責任ある会話を可能にするためだ。相手の話を傾聴する方法も知的エクササイズではなく、そのための手段であることを忘れないようにしよう。

安全弁を用意する

この章の最後に、もうひとつだけ付け加えておこう。上司が起こした問題に対処しようとしていたところ、急にあなたを攻撃してきたとする。あなたは内心、はらわたが煮えくり返る。問題解決に協力するどころか、いわれのない非難を浴びせてきたのだから。社内では模範社員で通っているあなたは（先月は表彰されてドライクリーニングの一週間無料クーポン券をもらったほどだ）、怒りと軽蔑を必死で抑える。それなのに上司はあなたの言い方にケチを付け、無礼だと言って警告してきた。

何て言い草だ、とあなたは思う。上司の方こそ皮肉屋で、いつも無礼な口の利き方をしているのに。まったく、最高の偽善者だ——。ここであなたは重大な岐路に立たされた。ウディ・アレンの言葉を借りるなら、一方は完全な絶望へと続く道で、もう一方は破滅へと続く道だ。果たしてどちらが正しい道なのか。

だが、あなたには「戦略的遅延」という第三の道がある。一歩退いて時間を稼ぐのだ。

「わかりました。よく考えて、後ほどまたお話しします」

短くこう言ったら、自分のデスクに戻ろう。あくまでもこれは退却ではなく、戦略的遅延だ。沈黙するのではなく、体勢を立て直すのである。いったん安心できる場所に身を隠し、深呼吸して気持ちを落ち着かせる。そして問題を話し合うための新たな、よりよい戦略を立てよう。そしてまたの機会を狙うのだ。

気持ちは落ち着いていても、何を言えばいいかわからないときにも、戦略的遅延は有効だ。安心できるひとりきりの場所で、ゆっくりと言うべきことを考えてから次の機会をつくる。

いまは落ち着いていても、また感情が爆発しそうな気がするときも、戦略的遅延をとればいい。もしかしたら、あなたは結婚式の前にお祖母さんから「怒っているときにはベッドに行ってはいけないよ」と言い聞かされたかもしれないが、それは間違いだ。怒っているときはベッドに潜り込むのが正解だ。アドレナリンの分泌を抑え、知的能力を取り戻したら、また会話に戻ればいい。

【この章のまとめ】

原則を守りつつ、柔軟に

この章では、原則を守りながら、柔軟に対応する方法を説明した。責任ある会話のなかで新たに問題が持ち上がったとき、それが相手の不安からくるものなら、元の問題をいったん棚上げし、相手を安心させる。そして適当な頃合いを見計らって元の問題の続きに戻る。新たな問題が起きたときには、何について話し合うのか、話し合うべきかどうかを決める。その問題に対処すると決めたら、以下のようなスキルを用いる。そして話し合いが脱線しないよう、元の問題をどこまで話したかを確認しておく。

- 新たな問題が起きたら、柔軟に対処しつつも、横道にそれないよう気を付ける。新たな問題に取り組むときには、ただ流れに任せるのではなく、必ず自分で選択をする。
- 相手が安心できていないときは、会話をいったん中断し、安心させてから再開する。
- 相手が「事情が変わって」約束を守らなかったときには、この不適切な言い訳を問題にする。そして事情が変わったらいち早く連絡させるようにする。

・さらに悪い問題が起きたら、元の問題から一歩退き、新しい問題について話し合いを始める。その際にはどこから話を再開すればいいか覚えておき、新たな問題を処理してから元の問題に戻る。
・相手が怒りだしたら、その怒りの元になった実行へのパスを元の原因にまでさかのぼる。怒りの原因について話し合うことで感情がおさまり、再び問題解決に取り組むことができるだろう。

次章では……

本章では新たに起きた問題に対処し、また元の問題に戻って解決した。では、責任ある会話がうまくいったかどうかを確かめるには、どうしたらいいのだろうか。話を終わらせるにはどうするべきか。会話の効果が消えたり忘れられたりすることなく、責任ある会話が実際の行動につながるかどうかを確かめる方法は何か。次章ではそれを確認しよう。

第Ⅲ部　行動に移す

責任ある重要な会話の後に何をすべきか

ここまでは、期待に反する行動のせいでパフォーマンスが阻害されたときに、その要因が意欲の問題か能力の問題かを問わず、それを解決に導くためのアイデアをいくつか提案してきた。では、それを行動に移すにはどうすればいいだろうか。

責任ある会話の熟練者は、会話後に問題が再発しないよう、次のような手を講じている。

- 責任体制をしっかりと管理することで、問題の再発を防ぐ。話し合った後のことを詳細に取り決めておくことが、その確かな基礎となる。具体的には、誰がいつまでに何をするかのフォローアップを含む（第7章「プランに合意してフォローアップする」）。
- あらゆる理論とスキルを動員して、完璧な責任ある会話を組み立てる。頭のなかに一つのモデルをつくりあげ、それを難しい人間関係に当てはめる（第8章「すべてを一つに組み立てる」）。
- まとめとして、これまでに学んだ原則とスキルを現実の複雑な問題にどう当てはめたらいいか検討する（第9章「12の言い訳」）。

7 プランに同意してフォローアップする
──責任をもって行動に移す方法

何かが起こることを待ち望むのではなく、気骨を持って行動することが大切だ。
──クレメンタイン・パドルフォード

これまでに学んできた手順をおさらいしよう。期待が裏切られたら、まずはギャップについて率直に話し合う。全体的なストーリーを組み立て、核心的な問題に切り込む。その際には意欲と能力の両面からその原因を探る。責任ある会話の途中で別の問題が持ち上がったら、いったん元の問題を棚上げにして、新たな問題を解決してから本題に戻る。そして相手と協働して実現可能な解決策を求める。

だが、安心するのはまだ早い。会話の締めくくりは始まりと同じくらい重要だ。上手に締めくくれば、責任ある行動の基礎を固めることができる。しかし仕上げを怠り、成功を待ち望むばかりで行動することを忘れれば、また新たな問題に直面する羽目になるだろう。いくつかの課題に注目しながら、責任ある会話の熟練者がどんなスキルとツールを使ってプランを立て、フォローアップをしているのかを確かめよう。

ありふれた失敗

あるタイプの失敗は非常にありふれているので、出だしを読んだだけで厄介な状況を思い浮かべる人もいるだろう。以下いくつかの例を見てみよう。どんな結末を迎えるのか想像がつくだろうか。問題のありかがわかるまで、どのくらいの時間がかかるだろうか。

あなたの予知能力は？

先週末の会議の席で、ジェーンがジョーにこう依頼した。「その報告書、つくってくれるのね？」

「もちろんです」。ジョーはきっぱりと答えたが、内心ではこう考えていた。「やらなきゃいけない仕事が山ほどあるのに、どうやってタスクをもうひとつ突っ込もうか」。仕事があふれて業務のスケジュールに支障が出そうだ。

一週間後、ジェーンがやってきた。「報告書は昨日の午後が締め切りだったはずだけど、いまもらえるかしら」

「いまですか？　来週のつもりでいたんですけど」。ジョーが泣き言を言った。

ジェーンは目を丸くした。「約束が違うじゃないの」

ジョーはジェーンから目をそらすと、小声でつぶやいた。「読みが甘かったか」

「何ですって？」。ジェーンが高い声で聞いた。

「いいえ、何でもありません」とジョーがぶつぶつ言った。

創造性とは何か

勤務評定の面談で、バーブが部下のジョンソンにこう注文した。「次の四半期ではもっと創造性を発揮してもらえますか？　自分のアイデアで仕事にトライしてください」

ジョンソンはその言葉どおりに、より創造性を高めて独自のアイデアを絞り出した。そこまではよかったのだが、それを周囲に断りなく実行してしまった。もっと創造性を持てという言葉を、自分の好きなようにやれという意味に解釈したのだ。

バーブが気付いたときには、ジョンソンは独断で会社の在庫システムを全面的に変更した後だった。バーブは激怒して「権限を踏み超えている」と注意したが、ジョンソンは「もっと創造性を持てとおっしゃったので」と反論した。その後、ジョンソンは言われたことだけをやればいいということになった。

言葉遊び

蒸し暑い夏の夜だった。父親は暑さにうだりながら、じっと何かに耐えていた。一時間半も時計ばかり見ている。午前一時二四分、やっと玄関のドアが開いた。娘が帰ってきたのだ。その瞬間、父親の怒りが爆発した。「シェリー、遅いぞ！」

「大して遅くないわよ。友達のサラなんて先週、朝九時まで帰らなかったんだから。遅いっていうのはそういうこと」

「生意気な口を利くんじゃない。日付が変わる前には帰るんだ。毎月一回は門限を破っているぞ」

「そのとおりよ、パパ。この前の誕生日以来、一カ月に一回は一時過ぎに帰ってるけど、これまで何も注意されなかったから、いいんだと思ってた」

父親は何も言えず、言葉をはぐらかすしかなかった。

思い込みはやめよう

これらの例に表れる問題に気付くのに、あなたはどれくらいの時間がかかっただろうか。

ジェーンとジョーはスケジュールが曖昧だったことが問題だ。明確な締め切りを決めていなかったため、最初から運命は決まっていたわけだ。また、二人はお互いに自分の心を相手に読ませようとしていた。

ジョンソンとバーブの問題はまた別のところにある。バーブが与えた課題は、誰がいつまでに何をするかが決められてはいたが、「何を」の定義がはっきりしていなかった。「創造性を持て」という言葉の意味はかなり主観的だ。このケースでも、事故は起こるべくして起きたと言える。

最後の父娘の会話は、さらに別の問題を示している。娘が何度か門限に遅れているのに、それに対処しなかったため（約束したことをフォローアップしなかったため）、シェリーはいまの自分の行動を問題ないものと思い込んだ。知らず知らずのあいだに、父親は娘に暗黙の許可を与えていたのだ。少なくともシェリーはそう思っていた。

ぬかにくぎ

これらの問題はおなじみのものだろう。あなた自身がいつもやっていることだからだ。責任ある会話を首尾よく終わらせたのに、その後のプランが漠然としていたために、相手に勝手な思い込みを許してしまう。そして、すべてが元の木阿弥になってしまう。何を、いつまでに、どうやってやるのかがはっきりしないと、責任ある結果を期待できない。これではぬかにくぎを刺すようなものだ。

一方、完璧なプランは相手に勝手な思い込みを許さない。細部まではっきりと決められている。何をするのか明確で、測定が可能だ（そこがあらゆる説明責任の源となる）。それが責任感を生み、望ましい結果をもたらしてくれる。それはさらに、あなたと相手の双方にとって、問題解決や報奨をめぐっての次の責任ある会話へと発展する足掛かりとなる。

解決策：WWWFで完璧なプランを立てる

思い込みの余地のない完璧で明確なプランを立て、相手に責任ある行動をさせるカギは、次の四つの重要な要素を確実に押さえることだ。

- 誰がやるか（Who）
- 何をやるか（Does what）
- いつまでにやるか（By when）
- フォローアップ（Follow-up）

先ほどの例のように、しばしば問題が起きるのは、タスクを取り決める際にこの四つの要素のうち二つ三つしかはっきり決まっていなかったからだ。では、第一線のエキスパート（ポジティブな逸脱者）のやり方を参考にしながら、この四つを順々に見ていこう。

誰がやるか（Who）

この要素はいちばん簡単だ。各タスクを行う人の名前を入れればいい。だが、注意すべきことがある。必ず誰か個人の名前を入れなくてはいけない。誰がそのタスクを担当するのかをはっきりさせるのだ。たとえば、会議の最後に上司が言う。「いいかね、このタスクは金曜日の昼までに行うことにする」。だが、金曜日になっても、何もできていない。上司はこう叫ぶ。「あの仕事はどうなってるんだ?」。そして責任のなすりあいが始まる。

このような問題が起きるのは、主語が曖昧だからだ。ビジネスの世界では、主語がはっきりしないタスクは誰のものでもない。責任の所在も曖昧になる。子どものしつけでも、同じ誤りがしばしばある。母親が子どもに言う。「友達と遊びに行く前に、部屋を片付けましょうね」。ところが後で片付いていない部屋を見た母親が叱ると、子どもは泣きながらこう訴える。「だってママも一緒に片付けるって言ったでしょ」

責任を持って仕事をさせるには、何を期待されているのかを相手にわからせる必要がある。多くの人員が必要なタスクの場合、各人がそのタスクのどの部分を受け持つのかを決めておかねばならない。「チーム」という言葉も曖昧だ。だから大がかりな仕事の場合、一人が仕事全体に責任を持つと同時に、各パートに責任者を決めておくといい。

何をやるか（Does what）

あなたが何を相手にやらせたいのかを正確に決めるのはけっこう難しい。バーブとジョンソンの面談で、ジョンソンは次の四半期にもっと創造性を発揮することを約束した。しかし、これでは「誰が何をいつまでにやるか」を決めるというルールに従ったことにはならない。バーブは自分が欲する行動を、より正確に伝える必要があった。たとえばこんなふうにだ。「もっと創造性を発揮するというのは、もっと製品アイデアを出してほしいという意味です。毎週の会議に出席して、製品改善のための新しいアイデアを提案してください。解決策についても同様です。何か問題を見つけたら、人にどうしたらいいかを聞くのではなく、自分で解決策を考えて提案してもらえますか」

尋ねる

責任ある会話を終えて、何をするかを決める段になったら、「何」の部分を厳密に決めておこう。わかったつもりになってはいけない。品質や分量について疑問点はないか。双方の考えていることが同じかどうか。紛らわしい点や不明な点はないか。その場であらかじめ確認しておく。

コントラスト

相手が誤解しそうな気がしたら、コントラストのテクニックを用いよう。「新しいプランを立ててくれませんか。率先して手本を見せてほしいんです。ただしプランの実行についてはあらためて打ち合わせます」。白内障の手術を受けた人なら、病院でこのテクニックにはなじみがあるだろう。看護師がマジックペンであなたの額に矢印を描く。どちらの目を手術するかを示すためだ。リスクが大きいときには、わずかな手抜かりもあってはならない（誰かがこの手法を思いつくまで、どれほど多くの手術ミスがあっただろうか）。

いつまでにやるか（By when）

時間は人間がつくりだした概念であり、数字を使って正確に測ることができる。だから納期や締め切りをフォローアップするにあたっては何の問題もないと思うかもしれない。しかし、それでも問題は起こる。「来週までにお願いします」という表現を例にとってみよう。これなら特定されているような気がする。確かに納期が来週中のいつでもいいなら、これははっきりした約束だと言えるだろう。しかし厳密に言えば、その約束は土曜日の午後一一時五九分までを示す。もし金曜日の午後五時までに欲しいなら、そう言うべきだ。あるいは水曜日の正午までに必要なら、その点をはっきり言っておかねばならない。

この問題でとくに興味深いのは、タスクが重要であればあるほど、また時間的に緊迫していればいるほど、指示がより曖昧になってしまうという点だ。「これは緊急の用件だ。できるだけ早く頼む」「いますぐ取りかかってくれ」「いいか、この件は最優先だ。本当なら昨日には必要だったんだ」。相手を急がせるためのこうした表現は、大惨事を引き起こしかねない。「できるだけ早く」という表現は、本当の緊急事態では役に立たないということを覚えておこう

家庭でも同様の問題は起きる。以下は誤解の元になる用事の頼み方だ。「早くね」、「すぐに持っていくよ」、「キッチンを片付けておいて」。相手が大人でも問題になり得るが、とくに一〇代の子どもはプランの不備を見つけ出す能力に優れ、その隙を突いて怠ける天才だ。その隙をふさぐために、時間は明確にしておこう。

フォローアップ

誰が何をいつまでにやるかをはっきりさせたら、次のステップは明らかだ。その結果をいつ、どうやってフォローアップするかを決めることだ。あなたは相手と問題解決のために何をやるか約束したことだろう。だが、何か状況が変わることもある。部下や子どもが

かかわっている問題では、放任してしまうのも心配だ。とくに難しいタスクで、取り組む人がその分野に不慣れな場合にはなおさらだ。一方、進捗状況をあまり頻繁にチェックするのも考え物だ。それは誰からも歓迎されない。

フォローアップの頻度と方法を選ぶ際には、次の三点を考慮する。

- リスク　プロジェクトや求める結果のリスクの大きさと重要度。
- 信用度　相手の過去の実績。
- 能力　その分野における相手の経験。

相手と合意したタスクがリスクの大きなもので、万一失敗すると取り返しがつかない場合や、相手の経験が足りないとか実績があまりないときは、フォローアップは積極的かつ頻繁に行うべきだ。タスクがルーチンのもので、相手に経験や実績もあるようなら、フォローアップの頻度もかなり少なくできる。

進捗状況をフォローアップする最も一般的な方法としては、点検の日時を決めておく方法とタスクの節目に行う方法がある。ルーチンワークならチェックするスケジュールを決めておき、定期的に進捗状況を確認する。よくあるのは、あらかじめ決まっている定例会議の場を利用する方法だ。もっと複雑なプロジェクトの場合は、「プランの第一段階が仕上がった時点で知らせてほしい」というように、節目ごとにフォローアップを行う。あるいは両方を組み合わせる方法もある、「来週の火曜日のお昼までにプランが仕上がらなかったら、会議の場でスピードアップの方法について相談しよう」という調子だ。

相手があまり気安い関係でない場合、フォローアップにはもっと気を遣う必要がある。男性社員からセクハラを受けた例の女性の場合、責任ある会話の後で問題行動がなくなるかどうか心配だったので、定期的なフォローアップを行うことにした。彼女は「月に一度、カフェテリアで会ってランチをするのはどうですか？　最初の議題は、『この話し合い以降、私があなたに不自然な態度をとっているかどうか』と、『私の目から見てあなたの問題行動がおさまったかどうか』にしましょう。どうですか？」。この率直な提案に相手もうなずいた。そして会話のスキルに長けた彼女は四週間にわたってフォローアップをした結果、男性社員の問題行動はおさまった。

会話のなかで相手の行動が後退しているような雰囲気を感じたら、必ずフォローアップの時間をとることを約束しよう。

干渉と放任

フォローアップの頻度は相手の経歴とタスクの性質によって決めればいいが、それが相手からどう見られるかは、あなたの態度と目的によって決まる。フォローアップに際しては、「目的は何か」を自分に問い返そう。相手を信用できない場合、フォローアップは自然と管理的な性質を帯びるが、管理されるのが好きな人はいない。

近くで見張られていると思うと、人は「よき兵士」に変身する傾向がある。「何をすべきか言ってくれれば、それをやります」というふうに、命令を待つだけの存在となる。彼らはオフィスのドアの前で自分の意思を捨てる。フォローアップを自分への批判として受け止め、口うるさい上司のために働いていると思うようになる。自主性や創造性を発揮するチャンスは失われる。つまり、上司とのあいだに相互の信頼や敬意が存在しないのだ。

不幸にも、その対極に位置する放任主義も、多くの問題を引き起こす。確かに最近では、相手に自由を与えることがエンパワーメントの方法として一般的だ。上司の方も口うるさく管理することを嫌う。細かな管理は悪い手法と見なされ、フォローアップをまったくしない上司も少なくない。だが目的はどうあれ、その手法には問題がある。

他のファクターも、過度な放任主義をあおっている。リーダーや親の多くはフォローアップをしている暇がないと思っている。信頼の置けない相手にさえ、大きな自由を与えている。近ごろの管理職は出張やメールのやりとり、会議などに忙殺され、自分があまりフォローアップできていないことにも気付かない。

放任主義がポジティブな効果をもたらすことはまずない。部下たちは、「うちの上司は忙しくてフォローアップをしている暇もない」とは思わない。代わりに「上司は自分たちやプロジェクトのことに関心がない」と結論付ける。忙しい親も同じ運命をたどる。多忙で目が届かないと子どもから「自分に無関心だ」と見なされ、親子関係や子どもの成長にも害が出る。

いつ、どのようなフォローアップをするかは、その目的に大きく影響されるだろう。

あなた自身はどうだろうか。上司として部下に干渉しすぎだとか、逆に放任しすぎだと見られている恐れがあれば、よくよく注意しよう。部下に課題を与える際には、同時に適切なフォローアップの方法を説明する。そしてフォローアップが必要な理由を率直に述べるとともに、相手がそれに同意するかどうか率直に聞こう。フォローアップの回数と方法に合意できたら、自分が干渉タイプと放任タイプのどちらに思われているかを気にする必要もなくなるだろう。

フォローアップの二つのタイプ　チェックアップ（照合）とチェックバック（点検）

フォローアップの会話を始めるのは誰だろうか。タスクを与えた者がつねに主導権を握るのか、あるいはタスクを実行する者がフォローアップをすることもあるのだろうか。あなたが与えたタスクについて進捗を知りたいときにはチェックアップ（照合）を行う。タスクの重大さや相手の実績と経験を見て不安や緊張を感じたら、チェックアップのタイミングだ。そういうときはあなたがリードしよう。手帳を広げてこんな調子で告げる。「これは重要なタスクなので、来週水曜日の一〇時に進捗をチェックしたいんだが」。そして、それをスケジュールに書き留める。つまり、ここではあなたがフォローアップの主体だ。

ただ、フォローアップをリードしているからといって、あなたが干渉しすぎる上司だということにはならない。あなたは単なるフォローアップの進行役だ。タスクの進捗はどうか、うまくいっているか、障害物はないか、あなたが関心を持っていることを意味しているにすぎない。タスクのリスクが大きければ大きいほど、進捗は順調か、何か手助けや助言は必要か、確認するためにもフォローアップが必要だ。

一方、ルーチンのタスクで、担当者が経験豊富で信頼もできるなら、チェックバックを用いる。その担当者がフォローアップの進行役となってチェックバックするのだ。「次の定例会議でフォローアップしたらどうでしょうか?」とか「締め切りは二週間後です。来週の木曜日のスタッフ会議の前に一五分、時間をいただけますか?」というように提案をすればいい。

望みの結果を達成して良好な人間関係をつくるためにも、チェックアップとチェックバックはフォローアップの有効な方法と言える。

まとめの時間をとる

フォローアップの方法に関する会話は、複雑で速いペースで進む。うっかり話し忘れる内容も出てくる。そこで、決まった話をまとめる時間をつくろう。

「これまでに決まったことを確認しておこう。ビルは報告書のコピーを九部つくる。一枚目には会社の標準仕様の表紙をホチキスでとめる。会議は火曜日午後二時からだから、遅れないように。何か問題があれば、その日の正午までにチェックバックする。そういうことでいいかな？」

「そのとおりです」

「他に問題になりそうなことで、話し忘れていることはないか？」

相手にこう質問して考えを確かめれば、問題点を明らかにすることに役立つ。だが、この質問の真価は、単に相手の理解を確認することだけではなく、やる気の有無をチェックすることにある。相手が「やります」と口に出して言えば、約束が守られる可能性は高い。曖昧にうなずく姿を見ただけで満足し、会話を終わらせてはならない。あなたが本物のやる気を求めているなら、相手がプランの実行に対して「イエス」と言う機会を与えよう。

再度、フォローアップについて

まずはフォローアップの場をセッティングするにあたって、次の事項を決めておく。

- 話し合いは正式なものか、カジュアルなものか。
- チェックアップかチェックバックか。
- 場を定期的に持つのか、節目ごとに持つのか。

そして実際のフォローアップの中身を考える。上司はしばしば部下に干渉しすぎることを恐れるが、フォローアップの最大の問題は回数が多すぎることではない。まったくフォローアップをしないことこそが問題だ。計画を立ててフォローアップの日時まで決めておいたのに実行されないこともある。なぜだろうか。

人間は忘れるものだ

第一の問題は、人間は忘れやすいという点だ。人生は短く、忙しい。多くの仕事を同時に並行して行うことはできない。すべてのタスクに対するフォローアップを忘れないためには、どうすればいいだろうか。それは何かの助けがないかぎり無理な話だ。それぞれのタスクに対して、次の事項を心がけよう。

- 手帳にフォローアップの日時を書き込む。
- 付箋やパソコンのリマインダーを使う。
- アジェンダにフォローアップの予定を入れておく。

予定を思い出すためのこうした効果的な工夫は、忙しい日常では不可欠だ。家庭ではとくに、そのことがおろそかになる傾向がある。子どもや家族がやるべきことを指示するために、パソコンなどの電子機器を使っている家庭はどれくらいあるだろうか。それをやると、あまりに冷たくビジネスライクに感じられ、「パパ、私はあなたの娘よ。従業員じゃないわ」と言われそうだ。しかし、時代は変わっている。電子機器を賢く使うことを検討しよう。

心配事

タスクのフォローアップを忘れるもう一つの理由は、よい人でありたいからだ。興味深いことに、世界中のどこの組織でも、インタビューをすると「ナイス」という言葉がしょっちゅう使われる。「あなたの組織の文化を一言で表すと?」と質問すると、「ナイス」という答えが返ってくる。このときの「ナイス」という言葉には、「楽しい」から「病んでいる」まで、さまざまな意味が含まれている。

Nice：〔形容詞〕楽しく争いのない状態。いずれはあなたを死に至らしめる。

人間はストレスよりも安楽を求めるものだ。他人の責任を問うことは、とくにあなたが誠実であろうとするときには、ストレスの高い行為だ。だからフォローアップの際にも、よい人であろうとして自分を合理化する。これは信念を曲げているわけではない、譲歩なのだ、と。

もちろん、苦悩混じりのこのロジックを信じるのは、人の約束をきちんと守らせることはストレスに満ちて悪い行いだと信じている人だけだ。本書では、責任を求めることは率直で礼儀にかなった行為だと主張してきた。正しさを追求するのは、べつに暴力的なことではない。フォローアップをすることと、まっとうであることも両立する。その逆もまた真なりだ。フォローアップをしないのは、不親切だとも言える。誤りを許していれば、結局は成果を台なしにし、人間関係を壊してしまう。

これまでに説明してきたツールは、ナイスな人間関係を保つと同時に、率直であること、成果を手に入れること、フォローアップを可能にするものだ。フォローアップのための会話例は、簡単で安全だ。単にこう言えばいい。「サウスランド・プロジェクトの調子はどうだい？」とか「前に経費節減案のフォローアップを取り決めていたが、あれはどうなってる？」。フォローアップの目的は、現状を確認し、これまで経過を見るとともに、何がうまくいき、何がうまくいかなかったかを確認することにある。その意図は相手を援助し、力づけることにあるのだ。

【この章のまとめ】

計画に合意する

責任ある会話の最後のスキルまで来た。相手を安心させるためにできることをすべてやり、行動に移すときだ。ここでフォローアップの計画と方法に合意する。次に実際にフォローアップを行う。

- 責任ある会話をうまく締めくくることができなければ、時間を浪費するばかりか、相手を失望させ、無用な不安を与える可能性が高い。業務も失敗におわるだろう。
- 会話をうまく終えるには、「誰がいつまでに何をするか」を含めたプランを組み立てることに慣れることだ。また、各人が自分の責任をはっきりとわかっているかどうかを確かめる。ちゃんと理解していることを確認するのだ。質問がないか尋ね、必要な場合にはコントラストのテクニックを用いる。
- あなたのプランが、合意に基づく適切なフォローアップを含んでいるかを確認する。スキルがなく行動にむらがある人、タスクのリスクが高い場合、フォローアップの回数を多くする。そしてフォローアップの方法について率直に話しておく。
- 最後に、実際にフォローアップをする。それでも業務がうまくいかないようなら、再び責任ある会話を試みる。

8 ひとつにまとめる
——複雑で大きな問題を解決するには

複雑で大きな問題？　どんと来い。むしろ貴重なチャンスになるじゃないか。
——ラルフ・マーストン

ここまで一連のスキルを学んできた。ここで各ステップをさっとおさらいした上で、それをもっと大きく複雑な問題に適用する方法を考えよう。そうすることで、生身の人間と現実の問題に対処する際に、慎重に組み立ててきたスキルのうちからどれを選んで活用すればいいかがわかるだろう。つねにすべてのスキルが必要なわけではない。時と場合によってどのスキルを使えばいいか頭に入れておこう。

各ステップのねらい

何を話すか、話すかどうかを決める

・何を話すか　自分が何を欲しているのかを考える。次に内容、パターン、関係のいずれを問題にするかを決める。問題の焦点を絞るために、あなたが本当に何を欲しているのか自問する。

・話すかどうか　自分をごまかして責任ある会話から逃げていないか。理性よりも恐れに支配されていないか。会話するリスクだけでなく、会話しないリスクについても慎重に考えてみよう。

ストーリーをつくる

最悪のことを想像から組み立てたストーリーに従って行動するのではなく、いったん立ち止まって別のストーリーを組み立てよう。「理性的な人がなぜ約束を守らないのか」、「自分がその問題に関わっていないだろうか」と自問する。まずは相手を悪党ではなく人間として見ることだ。

ギャップを説明する

最初に事実関係を述べ、期待されていたことと現実とのギャップを説明することにより、相手を安心させる。事実を共有できたら、あなたのストーリーを仮説として相手に伝える。最後に診断のための質問をして会話を締めくくる。

意欲を持たせ、仕事を容易にする

原因の診断のためにいったん立ち止まり、問題が意欲と能力のどちらにあるのかを確かめる。力に訴えてはいけない。力を使うことはリスクにつながる。それよりも、相手に意欲を持たせること、仕事を易しくすることを考えよう。そのために六つの影響要素について検討する。社会的要素や組織的要素が持つ影響に留意しよう。

実行プランとフォローアップの方法に合意する

「誰がいつまでに何をするのか」を決めて、それをフォローアップする。これは単純なことだが、リマインダーの役目を持つ。そして確認のため、何か忘れている事情や障害物はないか、相手に質問する。

原則を守りつつ柔軟に

新たな問題が持ち上がったら、それに引きずられてはならない。その問題に話題を切り替えるかどうかを、意図的に選択すること。新たな問題はどのくらい重要なものだろうか。もしそれがより重要で一刻を争うものなら、それについて話し合う。もしそうでなければ、脇道にそれないこと。

次に例を挙げて、これらのステップをどのように適用するか確認してみよう。

どちらの問題？

この半年というもの、リッキーは妻のエレナと話し合うことを避けてきた、潜在的な問題があった。というのも、彼は自分が悪いのではないかと思い悩んでいたからだ。彼の最初の妻は、一年にわたって彼に隠れて浮気をしていた。そのため彼は心底まで動揺した。妻の裏切りにショックを受けるとともに、重大な不倫のサインを見抜けなかった自分のふがいなさを責めた。

人は一度ひどい目に遭うと、臆病になるものだ。だからリッキーは、なかなか次のステディーな相手を見つけられずにいた。教会で知り合ったエレナと結婚を決意するまでに四年もかかったのもそのためだ。最初の結婚はたまたま不運だっただけで、エレナが最初の妻とは違うということに、なかなか確信が持てなかったのだ。だが、彼は賭に打って出た。エレナと結婚してからの三年間で、リッキーはささいなことでくよくよ思い悩むようになった。目に見えないところで何か忌まわしいことが起きているような気がしてきたからだ。だが、エレナが本当によからぬ行動をしているのか、自分がいたずらに疑り深くなっているのか確信が持てなかったので、ただ沈黙を守ってきたのだ。

明らかに最近のエレナは変わった。二人の書斎にリッキーが入ってくると、彼女はさっとEメールを隠すようになった。電話で話すときも部屋を出ることが増えた。エレナはこれらの行動を、つまらない仕事の連絡だからと説明したが、リッキーの頭のなかに、さらに第三の疑惑が持ち上がってきた。エレナはこのところ残業が増えている。それ自体は初めてではないが、最近気にかかるのは、彼女の新しい上司が昔のボーイフレンドで、ときどき二人で深夜まで残業している点だ。

この微妙な問題についてどう会話をしたらいいか、リッキーとともに考えてみよう。次の文を注意深く読んで欲しい。途中、彼はエレナを安心させるために、二回にわたり会話を中断しなければならなかった。

何を言うか、言うべきかどうかを決める

ギャップに立ち向かうべきか？

リッキーがエレナと話し合う必要をはっきり悟ったのは、二人が問題について口には出さなくても、行動でやりあっていることに気付いたからだ。彼の疑いは、エレナに対するそれとない冷たい態度に表れていた。エレナはそのことに気付くと、リッキーに仕返しするために家庭よりも仕事を優先することにした。二人のあいだに会話がなくなったことがもたらす影響にやっと気付いたリッキーは、エレナと話し合う必要があると確信した。黙っていても何の解決にもならない。

リッキーが本当に欲するもの

リッキーはこの問題について考えた末、自分が本当に欲しているのは、愛と温もりのあるエレナとの安定した関係だということに気付いた。彼女の浮気を責めて、さらに溝を深めたくはない。真実とは何かを知りたいだけだ。夫婦の関係が気にかかるのはもちろんだが、エレナに対する疑惑が自分の妄想なのかどうかも気にかかる。これが話し合いの内容

だ。自分が本当に欲しているものが何かを考えることは、問題のありかを明確にし、二人の感情が悪循環に陥るのを防ぐ効果がある。

ストーリーをつくる

別のストーリーを組み立てる

リッキーの最初の難問は、自分自身の心理状態だ。彼は、エレナが何かごまかしているのではないかと強く疑っていた。ほとんど確信に近かった。さらに、もしエレナが浮気しているとしたら、きっと嘘をつくに違いないと信じていた。彼の最初の結婚生活でも、妻は罪を嘘でごまかしたからだ。エレナが嘘をついていると確信しているため、彼は自然とその嘘を暴いて彼女の責任を追及しようというかまえになっていた。驚かせてやれば、態度から何があったかわかるだろう。

感情を抑えるために、リッキーは自分のストーリーを点検する。そして、できるだけ前向きになってエレナの最近の行動について別の解釈をしてみることにする。そうして別のストーリーを組み立てるのだ。なぜ理性的でまっとうな人間にそのような行動ができるのか、可能なかぎり推測をしてみる。嘘をついているという意外に、彼女の行動をうまく説明できるだろうか。六つの影響要素を熟慮し、いくつかの他のファクターを考えてみた。

- エレナには強い成功願望がある。彼女は出世の階段を上っている途中だし、その代償を支払うことをいとわないだろう。
- リッキーとの話し合いを避けるのは、醜い言い争いをしたくないからだ。
- リッキー自身も問題に関わっている。エレナが上司と一緒に働いていることを皮肉ってきたからだ。最近は彼女にも優しくなかった。もちろんエレナも彼といて楽しくなかっただろう。
- エレナは家計のことをずいぶん心配していたようだ。だから残業を増やしたのかもしれない。
- 二人の仕事時間のずれで、一緒に過ごす時間が減っている。これも関係に悪影響を及ぼしている。

リッキーが別の解釈を考えていると気持ちに変化が起こり、だんだん落ち着きが出てきた。もちろん、このようなストーリーを組み立てたからといって、自分自身を責めたり会話から逃げたりする理由にしてはならない。その目的は、「エレナが嘘をついている」というストーリー以外の可能性を考えて、心のバランスをとることにある。会話を始めたとたん、アドレナリンが体中を駆け巡って理性を失うような事態は避けたいからだ。これは効果抜群だった。新しいストーリーは好奇心と共感を生み出してくれる。自分の疑念もひとつの仮説として扱えるようになる。これで感情的にならず、相手を責めることもなく、話ができそうだ。

リッキーが心配なのは、不倫のことに触れるとエレナが神経質になるのではないかという点だ。そこで、まずは二つのツールを用いて彼女を安心させたい。一つは二人の一致点を見出して共通目的を確立すること、もう一つはコントラストを用いて誤解を防ぐことだ。

安心させる

共通目的を確立し、コントラストを用いる

リッキーはこんなふうに会話を始めた。

リッキー　ちょっと気になっていることがあって話がしたいんだ。この話をすると、もしかすると責めているみたいに聞こえるかもしれないけど、そういうつもりじゃない。この問題は二人の関係に影響していると思うし、このまま二人の距離が離れていくのは嫌なん

だ。うまく解決できれば、また前みたいになれると思う。話してかまわないかな?

エレナ　ええ、いいわ。どんな話?

ギャップを説明する

まずリッキーはエレナが安心できる雰囲気をつくると、事実を挙げながらギャップを説明し、最後に質問で締めくくる。

リッキー　ちょっとここに座ってくれないか。まずは僕の話を聞いてほしいんだけど(続けて、前の妻とエレナのそれぞれの行動について、彼が目にしたことを説明する。そしてエレナの意見を聞こうとしたところで、彼女はその言葉をさえぎって言った)。

エレナ　信じられない。私があなたをだましてるとでも言うの?　完全に被害妄想よ。ばかげてるわ(その場を立ち去ろうとする)。

安心させる

エレナがまだ不安を抱いているのは、その行動からも明らかだ。さらに安心感を与えるスキルを使うべきだろう。共通目的を確立し、コントラストを使うのだ。会話は次のように進む。

リッキー　エレナ、僕のことを被害妄想だと言うのも無理はないよ。正直言って、何がどうなっているのか、自分でもわからないんだ。君が僕をだましているなんて思っていないよ。そんなふうに聞こえたなら謝る。でも、昔のこととあまりにも共通点が多いんで、どうしても心配になってしまうんだよ。だから、本当のところはどうなのかを知っておきたい。それに、二人の関係を邪魔しないように気持ちをスッキリさせたいんだ。君を責めるつもりはない。でも、話し合わないと前に進めないんだよ。話を続けてもいいかい？」

エレナ　聞きたくないけど、仕方ないわね。

ギャップを説明する

リッキーは全力を尽くして彼女を安心させると、問題の原因を診断するための質問をして、いったん会話を締めくくる。

リッキー　さっき説明したような行動を見たら、心配になると思わないかい？

エレナ　そうかもね。でも、心配はいらないわ（エレナは落ち着きを取り戻し、率直に話し合う心の準備ができたようだ）。

リッキー　じゃあ、いったい何がどうなっているのか、君の考えを聞かせてくれないか。

意欲を持たせ、難しいことを易しくする

六つの影響要素を検討する

リッキーが知りたかったのは、なぜエレナが自分との時間を削って、元の彼氏と長い時間を過ごしているのかという点だ。その結果、次のようなことがわかった。

- エレナは貧しい環境で育った。父親が長らく失業していたためだ。だから彼女はいつも住宅ローンの支払いを気にかけている。
- エレナはリッキーと家計の相談をしようとしなかった。なぜなら、お金の話をするとリッキーの気分を害するようで心配だったからだ。
- いまの上司（元の彼氏）とは仕事がやりにくくて仕方がない。エレナに振られた腹いせなのか、何かにつけ彼女につらくあたるからだ。さらに仕事上のサポートもあまり

してくれない。

- 残業で遅くなるときはいつも自分のチームと一緒で、上司といることはめったにない。実績を上げて、職場で安定した地位に就きたいと考えている。
- リッキーと距離を置くようになったのは、仕事のストレスのせいもあるし、彼が自分を遠ざけているとわかったからだ。

リッキーとエレナはブレーンストーミングで解決策を考えた。たとえば会員制クラブを退会し、リースの高級車を返上すれば、いざというときの備えもできて彼女の金銭的心配も和らぐだろう。彼女は彼女で、もっと働きやすい上司の下に移れるよう積極的に働きかけることもできる。

ところが会話を続けるうちに、エレナは皮肉っぽくこう言うと、黙り込んでしまった。

エレナ　また私が我慢すればいいということね。

原則を守りつつ柔軟になる

脇道にそれるのではなく、話題を選択する

リッキーは新たな問題の発生に気付き、それについて話し合うことにする。エレナは何やら不公平感を抱いているようだ。彼はその点について確認をしようとする。

リッキー　この家に引っ越してきたときには、すべて君に任せっきりだったね。それが君にとってそんなに負担だとは気付かなかった。まずはそのことについて話し合ってから、元の話に戻ったらどうかな？

エレナ　あなたならもっと気をつかってくれると思っていた。ところが私が一方的に譲ってばかりで、あなたは自分のことばかり。がっかりしたわ。

プランに合意してフォローアップする

誰がいつまでに何をするかとフォローアップの方法を決定する

二人は長い話し合いの末、いくつかの問題に取り組んで共に解決策を見出した。いくつか新しい約束を交わして、双方が何をいつまでにするかをはっきりと決めた。続けてリッキーは、このプランが彼の心配事と彼女の孤立感の両方を解消してくれるかどうかフォローアップするため、来週末にもう一度話し合うことを提案した。

【この章のまとめ】

以上で見たように、この会話にはすべてのスキルが適用されている。責任ある会話が非常にうまくいったケースだ。

終わりに　本当に誰でもできるのだろうか？

ロケット技術者が新しい燃料の安全性に懸念を持っていたが、上司に進言しようかどうか迷ったあげく、口は災いの元だと考えて沈黙を選んだとする。それから数カ月にわたり、その技術者は燃料の問題が大事故につながるのではないかとビクビクしながら思い悩むことになる。看護師が患者の状態について気付いたことを医師に話すべきかどうか考えた結果、医師の怒りを買うよりはと口をつぐんでしまう。こうして沈黙を続けていると、そのうちに自分も心配と不信で押しつぶされてしまう。妻の不審な行動を放置していたら、夫はずっと妻の浮気を疑いながら暮らさねばならない。

ここで最初の問題に戻ろう。あなたはサイレント・マジョリティとして、苦痛を味わいながら生きていくつもりだろうか。多くの人が、問題のある行動を苦痛に感じながらも、それを放置してきた。現状に耐える方が、発言してリスクを負ったりばかにされたりするよりもましだと考えているからだ。「話し合いをしても失敗し、問題の解決もできないかもしれない。さらに自分にとって悪い結果になるかもしれない」。これが昔ながらの公式だ。その計算の結果はこうだ。「言わぬが花」

だが、それはいつまでも続かない。不平不満を抑えつけていると、そのうち心のどす黒い部分が表面化する。醜いストーリーで頭がいっぱいになると愚かな行動につながるが、知的能力も低下しているため、その愚かな行動に疑問を持たないどころか、むしろ正しいことをしていると考えてしまう。

人が沈黙と暴力の間を行き来するのは、そのせいだ。思わず行きすぎたことを言うと、人は反省して黙り込む。そのうちに我慢できなくなる。「こんな仕打ちにはもう耐えられない」。そして怒りを爆発させてしまう。沈黙と暴力の間を一足飛びに行き来する悪循環は、量子力学の社会版とも言えるだろう。期待外れの行動について話し合い、最終的に問題を解決して関係を改善するという、責任ある会話の経過はすっ飛ばされてしまう。そこには自由な発想や率直な意見交換は存在しない。沈黙と暴力のどちらも、人間関係の改善や目的の達成には役立たないのに、どういうわけか人はそこにこだわり続けるのである。

期待外れの行動に対するこうした反応を解消するカギは、重要な場面で責任ある会話に取り組めるような能力をいかに育てるかにかかっている。問題を正面から見つめ、率直に、敬意を忘れずに話すスキルが必要だ。ところが、先のロケット科学者や看護師、妻の浮気を疑う夫の例のように、人は沈黙してしまうことが多い。なぜなら責任ある会話の方法を知らず、方法を知らないから怖いのだ。沈黙する人が悪いのではない。ただ怖がっているだけだ。それも臆病だから怖いのではなく、前途に失敗が立ちはだかっていると思うから怖いのである。

本書から一つだけメッセージを抜き出すとしたら、それはこういうことだ。「期待外れの行動を見たら、あなたは問題に立ち向かい、相手とうまく話すことができる」。あなたも、これがうまくできているときもあるはずだ。ところが我慢できなくなってから行動するから、最悪の事態を引き起こしてしまう。だったら、もっと合理的な方法を考えよう。責任ある会話を学んで実戦で役立つスキルを身に付ければ、最悪の事態になる前にうまく話し合いができるようになるはずだ。

さらに重要なのは、複雑で大きな問題を前にして、パラシュートなしで飛行機から飛び降りるような危険なまねをする必要はないという点だ。回復不能なリスクを犯す恐れはまったくない。なぜなら、責任ある会話のうち、「何を話すか、また、話すかどうかを決める」と「自分のストーリーを組み立てる」という二つのスキルは、自分の頭のなかで安全に行えることだからだ。いくつかの問題から適切な問題を一つ選んで、どうすれば実りのある結果を出せるかを考えよう。別のストーリーにより感情を抑えることは、理性的な会話によって相手の抵抗も減らすための重要な第一歩だ。これはすべて口を開く前にできることだ。まったくリスクはない。これを頭のなかで考えるだけでも、不用意に最初の一言を発して失敗する危険を避けられる。これだけで成功のチャンスは倍増するだろう。

ここまで頭のなかで考えたら、こんどは冷静にギャップを説明する。ここで始めてリスクに直面することになる。だが、話の内容はあくまでも行動の説明にとどめるよう。頭のなかの醜い結論を口にしてはならない。あなたは批評家や裁判官ではなく、科学者であるべきだ。この人間的なアプローチにより、熟練した客観的な会話が可能になる。

手短に一言か二言で話をまとめたら、最後は質問で締めくくる。決して相手を責めてはならない。長話はせず、ポーズをとって相手の話に耳を傾けよう。こうすることで、リスクを減らすことができる。よく状況を観察し、何が起きているか、相手はどう思っているかを考える。

相手が攻撃的になったり怒りだしたりしたときは、話を中断して、この新たな問題に取り組む。どうすればいいかわからないときは、いつでも戦略的遅延を使えばいい。一歩退いて、時間をとってアプローチを再検討しよう。これは会話であって、刑罰ではないのだから、いつでもやめることは可能だ。

相手が安心して、感情を爆発させたり攻撃的になったりもせず、どのような問題が起きているかを説明してくれたら、問題が能力の不足にあるのか、意欲のなさにあるのか、それとも両方かを考える。

意欲がない場合はどうするか。特別に難しく考えることはない。相手に意欲を持たせようとしない。力で従わせようともしない。相手の性格を変えようともしないことだ。あなたの役割は、ただそのタスクに自然と意欲がわくようにすることだ。

そのために、相手と一緒になって、どうしたらそのタスクに興味がわくのか考えよう。ここで必要なのは、自然な成り行きを相手と共有し、相手に耳を傾けて、あなたも気付かない成り行きを探ることだけだ。相手を服従させようとして力に訴える必要はない。元の方針にこだわる意味がないとわかったら、自分の要求を取り下げてもかまわないだろう。あなたも変わりうるのだ。意欲を持たせようと思ったら、相手と話し合うべきであり、責めることに意味はない。

では、能力が不足している場合はどうするか。ここでもあなたの仕事は、相手を強制して不可能を可能にすることではない。当たり前だが、そんなことは不可能だ。短期的にはともかく、長期的には相手を強制して無理な仕事をさせるべきではない。それよりも、タスクを易しくしてあげよう。リスクを負う必要はない。何が能力の壁になっているのか、相手と協力して調べ、一緒に解決策を探るのだ。

工場管理者のメリッサをはじめ、これまでに出会った数千人のポジティブな逸脱者たちは、責任ある会話に進んで取り組んでいる。彼らにそれが可能なのは、勇気があるからでスキルを持っているからだ。彼らは他の人と違う計算式を持っており、それが人間関係において好循環を生み出している。スキルがあるから成功し、成功すれば自信が生まれる。そして自信を得て、さらに多くのスキルを試す。

本書をここまで読んできて、あなたは「戦わない」準備はできただろうか。本当に欲しているることを妨げている問題を解決するため、責任ある会話をする心構えはできただろうか。次の章では一般的なものから難しいものまで、さまざまな人間関係の問題を取り上げる。多くの人が避けようとするハイリスクな会話に取り組むことで、あなたのスキルをさらに強化しよう。

9

12の言い訳
——本当に難しい問題にどう取り組むべきか

誰もが例外なく、自分だけは例外でありたいと考えている。
——チャールズ・オズグッド

二〇年以上にわたりこの問題について取り組むなかで、こんな言い訳をずいぶんと耳にしてきた。「ええ、でも、ここの状況はかなり大変なんです。そのスキルはうちでは通用しませんよ」。最初のうち、このように言う人たちは争いごとが好きなのだと思っていた（とくに彼らはしばしば「間抜け」とか「いなか者」などという言葉を好んで使うので）。しかし、そうした人たちの多くはただ、彼らの言う「最も厳しい」世界にそのスキルを適用した場合に、何が起こるかを想像しているだけなのだ。もしそのスキルを彼らの「最悪のシナリオ」に適用していれば、多くの利益が得られたことだろう。だが、彼らが本当に望んでいたのは、注目に値する分野をのぞいてみることだけだった。彼らが言い訳を言うのは、彼らが思慮深く、ときには非常に内省的だからだ。

そこで、世界的に著名な学者であり我々の友人でもある、亡きスティーブン・R・コヴィー〔『7つの習慣』の著者〕には申し訳ないが、非常に内省的な人々の〝七つの言い訳〟を掲げよう。その次にさらにおまけとして五つの言い訳例を付け足しておく。

上司に立ち向かう

【確かにそうだが……】「やっぱり上司に向かって表立って反対するとか、指示に逆らうとか、何か困った問題を引き起こしている場合でもそれを正面から指摘したりするのは、どうしても躊躇してしまいます。将来を考えると高くつきそうで……」

危険なポイント

勤務評価でどんな成績がつくかを考えると、人は慎重すぎるほど慎重になる。確かにリスクはある。正しいと思う行動をとったあげく失敗し、さらには評価を下げられたりするよりも、現状に甘んじることを選ぶ。上司に口を挟んでも何も変えられなければ、状況は悪いままだ。相手が絶対的な力を持っていれば、頭にきてあなたに仕返しするかもしれない。これは上司と部下の関係にかぎった話ではない。親しい友人や家族の間でも起こりうる問題だ。家族が相手ならクビになることはないにしても、縁を切られたり、もっと難しい状況に陥るかもしれない。

解決策

アドバイスをする前に、はっきりさせておこう。まず、骨の髄まで自己陶酔的で権威主義的な管理者たちは確かにいる。彼らの目的は絶対的統制の維持であり、それを脅かすものは自分への脅威と見なす。このような場合、勝ち目はない。こびへつらうだけでは足りず、正面から対処するか関係を断つかの厳しい選択を迫られる（後で詳しく説明する）。

だが、ふたつ目のポイントがある。上司に対する不平・不満を耳にしていると、このような極端なケースは思ったよりもずっと少ない。上司の保守的な対応の九〇パーセントは変えることが可能だ。我々は、会話スキルのある人が支配欲の異常に強いと思われている上司にアプローチして成功するケースを、これまでにも見てきたからだ。

結論を言おう。難しい上司と心を通わせることのできる人たちは、スキルだけでなく、心持ちが違う。彼らは上司を安心させることができるのだ。彼らは上司の立場で問題を見る術を心得ており、共通目的を容易に見つけ出せる。というのは、問題の行動が自分たちを煩わせてきただけでなく、上司自身にとっても悩みの種であることを熟知しているからだ。そして驚くほど効果的に、問題解決への意欲を与えることができる。それも問題行動が上司自身に及ぼす自然な成り行きを深く考えてきた結果だ。上司が彼らの洞察に勇気づけられ、歓迎するのも当然だ。

もちろん短気で自己中心的な上司を弁護するつもりはないが、彼らの身勝手な振る舞いに対抗して自分も同じことをしていたら、話し合いに必要な洞察や共感の能力は身につかないし、相手の反発を抑えて安心させることもできない。よかれと思って話し合いをしても、自己中心的な態度によって腰砕けになってしまうことだろう。

これは被害者を責めようというのではなく、弱者を勇気づけようとしているだけだ。反発する権力者を変えるためには、力ではなく共感――大きなハンマーではなく、大きな心が必要なのだ。客観的な立場に立って、問題行動が相手だけでなく自分にも影響を及ぼしていることに気付いてくれれば、両者にとって好結果を生み出すことができる。逆に相手をハンマーで叩きつぶそうとすれば、その力で自分も叩きつぶすことになる。

大切な余談

相手と向き合うか、関係を断つかの二者択一の話に戻ろう。問題行動をとる相手に対しては、四つの選択肢がある。「会話する」、「不平を言う」、「折り合いをつける」、「関係を断つ」のいずれかだ。不平を言うのは、この四つのうち最悪の選択肢だ。何もせずに文句を言っていても問題は解決せず、いいことは何もない。さらには不平ばかり言っていると、周囲との関係ばかりか自分の健康まで壊してしまう。

会話をするのは、問題を解決して良好な人間関係を築く最もよい方法だ。本書はこれをお勧めしている。折り合いをつけるというのは、少し説明が必要だろう。相手を尊重しつつ会話して、問題解決に向けて努力したが、結果的に失敗したとする。責任ある会話への望みをあきらめたあなたにとって、折り合いをつけるか関係を断つかのどちらかしか残されていない。関係を断つのはわかりやすい。夫婦の半分はこの方法を選択しているし、毎年数百万人が職場との関係を断って退職している。一方、折り合いをつけるのは、その問題が関係を断ち切るほど重要ではないとあなたが判断した場合だ。離婚したり会社を辞めたり、ダラダラと陰口を言い続けるほどの問題ではないということだ。

適切に折り合いをつけるには、自分で別のストーリーをつくる必要がある。ほとんどの人は理性的でまっとうだ。あなたとの問題を克服できなかったのは、理性的な人があなたとは違った合理的な結論を持っていたからだ。あなたの上司は威張り散らすだけの間抜けな人間ではなく、自分の意見も考慮してほしかっただけだ。あなたの夫は自己中心的なばかではなく、ただ夜中にトイレに立って便座を下げ忘れただけだ。忘れるのは人間の常であり、無神経で思いやりがないのとは違う。折り合いをつけるためには、そのようなストーリーを組み立てて、自分で信じる必要がある。

だが、折り合いをつけている振りをしてはいけない。本当に折り合いをつけたなら、無駄に愚痴を言ったり、自己憐憫に浸ったり、陰口を言って回ったりはしないはずだ。「自分は度量があるから折り合いをつけてやっているんだ」などと自慢することもない。これでは不平を言っているだけで、適応しているのとは違う。不平を言うのは悪い選択肢だ。

グループから抜け出す

【確かにそうだが……】「同僚たちは誰も規則を守らず、目をつぶっているんです。私が見て見ぬ振りをしているのは、仲間はずれにされたくないから。自分ひとりではやっていけないタイプなんです」

危険なポイント

ことの重大さによっては、あなたが規則を守らないと、あなた自身だけでなく周囲の人まで危険にさらすことになる。あなたが看護師だとして、目の前で医師が手袋やマスクもつけずに無菌室の弱った赤ん坊の診察を始めたとする。この規則違反は感染症を引き起こす恐れがある。あるいは、あなたは会計士で、仕事仲間が顧客の求めに応じて粉飾決算に加担しているとする。この行為は投資家に誤った情報を与える犯罪行為だ。または、あなたはある企業の従業員で、そこでは日常的に安全基準が無視されているのを知っている。だが納期を優先して、誰もそれについて口を拭っている。

こうしたケースはソロモン・アッシュの同調実験を連想させる。長さの違う二本の線を見せられて、周囲の人がみな同じ長さだと言うとき、あなたは他の全員に反対して自分の考えを主張できるだろうか。あるいは大勢に流されるだろうか。

解決策

あなたが沈黙を選ぶのは、それを言ったら周囲が不快に思うからだろう。あなたの目から見ると、他の人たちは正しいやり方ではなく、楽なやり方を選択している。事実、そのとおりなのだろう。それでも、もしあなたが誰の後押しもないままにこう言って指導したなら、芳しい反応は得られないだろう。

「規則に従うか、それとも規則を曲げて誰かを死なせるか、どちらですか?」

こうして自分の意見を押し付ければ、自己満足は得られるかもしれない。だが、それが素直に受け入れられることはないだろう。もし規則を守らせることはできても、人間関係には大きなヒビが入るだろう。別のストーリーを考えてみよう。あなた以外の人たちは、あなたが知らない何かを知っている。彼らもあなたと同様のプレッシャーを感じているのだ。それに、あなたはすべての事実を知っているわけではないし、彼らが何を考えているかはわからない。

ここで、明らかなことがひとつある。自分だけが問題に気付き、それを告発する気骨を持っているという前提でストーリーを組み立てて行動すると、周囲は確実にあなたを独善的な人間と見なすだろう。それは当然、恨みと抵抗を引き起こす。だから、ストーリーを変えるべきだ。そうすれば、あなたの行動もそれに伴って変化する。なぜ理性的でまっとうな人たちが規則を破っているのか、自問してみよう。

安心させる

まず双方の意欲の違いを認めよう。間違った行動に走る傾向のある人たちも人間だ。その事実を認めるところから会話を始める。

「素早く目立たないように検査することが大変なのはわかります」

次にコントラストを使って、誤解の可能性を取り除く。

「責めるつもりはありません。ただ、率直に聞きたいだけです。ここでは○○することになっていますよね？　それとも私が知らない事情でもあるのでしょうか？」

この簡単な台詞で、あなたへのプレッシャーは軽減される。あなたは警察官になる必要はない。厳しい倫理観や強い意志の持ち主である必要もない。正義の味方である必要すらない。ただ、好奇心を持つこと。それだけでいいのだ。

周囲のプレッシャーのせいで悪いと知りつつ規則を違反する人を見かけるたびに、この単純なテクニックを使う方法を覚えたら、何百万ドルというお金と何千人という命を救い、無数の人々を苦痛から救うことができるだろう。

だんまり夫との結婚

【確かにそうだが……】「うちの夫は全然口を利こうとしないんです。話し合おうとしても、『心配ない』とか、『後で』とか、あげくには私が何でも悪く思っていると言うばかりで。背中を向けてテレビの方を見ながら、『後で声をかけるから』と言いますが、なしのつぶてです」。

危険なポイント

夫婦関係に関する研究によると、新婚夫婦の口論のパターン分析だけで、将来二人が離婚するかどうかがわかるという。意見の対立をうまく収めるテクニックに乏しいだけでなく、片方が対立を解決したいのに、もう片方が問題から逃げることが離婚につながるのだ。ぎくしゃくした関係では、片方が話をしようとすると、もう片方が逃げるのはよくあるパターンだ。すると話ができないだけでなく、問題解決への道が断たれてしまうために、事態はいっそう悪化する。

解決策

ここではパターンを問題にする。一つ一つの出来事は小さなことでも、このパターンが続くと関係が壊れてしまう。そこでパターンについて話し合おう。

まずは夫に対して、夫婦のきずなを深めるための話し合いを求める。あなたは夫がだんまりを決め込む問題を取り上げて、オープンで自由な雰囲気で話したいと思うだろう。だが、ここで大事なのは、相手の行動にスポットを当てたいという自然な気持ちを抑えることだ。その代わり、あなたの行動が沈黙の原因となっていないか、夫の不満について聞き出すのだ。多くの場合、人が沈黙を選ぶのは、言葉のやり合いでは負けてしまうと思っているからだ。そうだとすれば、あなたはしばしば夫を徹底的にやり込め、屈服させているのかもしれない。この点を変えてみたらどうだろうか。

相手が気にしている問題を解決すると同時に、あなた自身が問題に関与しているかもしれないと認める場として会話を設定すれば、相手を安心させることができる。会話をスタートさせるには、これがベストだ。

しかし、いますぐ会話を始めようとしてはいけない。いつ話し合うかは相手に任せよう。重要な問題をめぐる会話がしばしば棚上げにされてしまう理由の一つは、相手の気分が乗らないからだ。あなたが問題について家で何日も考えてきたところへ、夫が出張から帰ってきてすぐに会話をスタートさせたらどうなるか。相手は息をつく暇もなく重大な問題に取り組まないといけなくなる。だから、いつ会話をするかは慎重に選ぼう。どのみち長年にわたってパターン化した問題について話し合うのだから、そう急ぐことはない。

会話にあたっては、夫がわざと話し合いを避けてきたのではないかという仮説とともに、あなたの懸念を伝える。それは相手を責めるためではない。二、三の簡単な例を挙げて、現実に起きている問題を提示する。そして、夫が黙ってしまうのは、いつも会話がうまくいかないからではないのか、会話から口げんかにならないような方法はないのか、二人の関係がスムーズにいくよう自分にできることはないか、などと誘い水を向ける。相手を安心させて、なぜ不安を感じるのかを説明させるのだ。

心地よい会話ができるようにするために、あなたに何ができるのか、二人でブレーンストーミングを行う。あなたが話しかけるタイミングが間違っているから？　あなたが待ちくたびれて怒ってしまうから？　問題になっている壁をすべて見つけ出し、それを取り除く方法を見つけるまで、ブレーンストーミングを続けよう。また、あくまで相手との会話のなかで解決策を見出そう。相手を変えてやろうと思ってはならない。

噂話

【確かにそうだが……】「問題の真相が見えないときは、どうすればいいのでしょう。同僚から〝あいつとは一緒に働けない〟とか〝あいつは信用ならない〟とか〝フィードバックに耳を貸さない〟などと、他の従業員の愚痴を聞かされるんです。このような噂話にどう対処すればいいでしょうか」

危険なポイント

他の従業員の陰口を言って回る同僚がいるときは、興味深い問題に直面していると考えよう。その噂話を聞かされて、あなたはどうしようと考えているだろうか。噂話の張本人がその人に直接話をしようとせず、批判的なフィードバックをする気もないなら、あなたは又聞きの情報を元にその人に話をする権利はないと考えよう。それはアンフェアだし、何の役にも立たないからだ。詳細なフィードバックをしてあげられるほど問題に詳しくないなら、結局はその人を怒らせて混乱させ、さまざまな不満の種をつくるだけだ。

もちろん、その噂話が何らかの危険や違法な問題に関するものであれば、ただちに人事部に助言を求めるべきだろう。

解決策

まず、正しいストーリーをつくる。一次情報を自分で集めるまで、相手の噂話を真に受けないことだ。噂話を信じると、判断のバランスを失ってしまう。不適切な行動があるかどうか、自分の目で確かめよう。そうすれば事実関係を詳細に説明できる。大切なのは、自分でストーリーをつくることだ。誰かのメッセンジャーだと思われたり、これはあくまでも噂だと弁解するくらいなら、正面から問題に取り組んだ方がいい。その人だって陰で言われるよりも、直接言われた方がいいだろう。それに問題について、具体的で詳細なフィードバックを受ける権利がある。それ以外のことは役に立たないし、アンフェアだ。真相は誰にもわからない。あなたが自分でデータを集めて、誰かがあなたに信じ込ませようとしたストーリーとは別の、自分のストーリーをつくりあげよう。

この問題は家庭でも起こりうる。いつもの告げ口がそうだ。告げ口にも同じ原則で対処しよう。安心できるまで自分でデータを集めよう。そして自分自身でメッセージを伝えるのだ。

困った自信家

【確かにそうだが……】「正直にフィードバックして相手が立ち直れなくなったらどうしたものかと。うちの従業員に、自分のことを世界最高の文章家だと信じている女性がいるのです。しきりに原稿を書かせてくれと頼んできますが、実際のレベルはひどいものです。でも、彼女に事実を率直に伝える勇気がないんです」

危険なポイント

多くの人は相手を落胆させるよりも自分が我慢する方を選ぶ。自分の才能にプライドを抱いている人に、「あなたには向いていない」と告げるべきケースでもそうだ。大して仕事のできない部下に、何年にもわたって「自分は仕事ができる」と思い込ませておく上司もいる。それでいて、上司がその部下の尻拭いをして回ったり、レベルの低い仕事ぶりに耐えたりしている。どちらの選択肢も褒められたものではない。

解決策

長年にわたり自己の能力に幻想を抱きながら、それに見合う仕事のできない人を放置すれば、あなたはその人が実は不適任者だと判断する力を持っていないということになる。つまり、これまでその人の説明責任を問うことができなかったわけだ。そこで、何か改善できそうな分野を選んで、責任ある会話を始めよう。まずは相手の意欲を評価する。意欲だけは褒めることができるだろう。次に、改善してほしい部分を一つ挙げる。その分野に関して、仕事の質を一段階高めてもらおうというわけだ。その後、それについてだけ明快で詳細なフィードバックを与える。本質的な問題には触れず、ただ新しい基準についてだけ話す。

その分野で改善が見られたら、次の問題を指定してそれに取り組ませる。そうやって相手を尊重しながら、内容をめぐって責任ある会話を続け、相手に本当にスキルを身に付ける能力がないのかどうかを確かめる。そのうちに相手が仕事を改善させられなくなったら、あなたはもっと大きな問題、つまり関係をめぐって責任ある会話をする権利を手に入れたことになるだろう。

規則違反を指摘するのが怖い

【確かにそうだが……】「まったく規則を守らない人がいるんですが、自分に歯向かったら上に苦情を申し立てると言って脅してくるんです。彼は特別扱いされているので、対抗しても負けてしまいそうです。どうしたらいいのでしょう」

危険なポイント

ショッキングな話だが、多くの企業ではリーダーを人質にとっている不良社員が一人や二人はいるものだ。彼らは仕事に興味がなく、何かにつけて正当な業務にケチを付けて他の社員たちに惨めな思いをさせ、上司を脅かしてきた。訴訟の可能性をちらつかせたり、会社のトップに話を持っていくと言ったり、誰かのスキャンダルネタを持っているとほのめかす。部外者は「なぜあの人がまだここにいるの？」と不思議がる。

解決策

その従業員と責任ある会話を試みる際には、人事部と相談しながらプランを立てよう。そして取り上げる問題は、弁解の余地のない規則違反を選ぶ。必要であれば、「反抗」や

「業績不振」のあなたなりの基準を明確にしておく。その従業員に対しては、あなたが選んだ問題行動について、許容範囲を超えていることを伝える。同時に、あなたの目的は相手を成功に導くことだということも保証しておく。

いまの行動を続けた場合の深刻かつ自然な成り行き――たとえば退屈な仕事を押し付けられるとか、同僚から冷たくされるなど――を説明し、一線を越えるようなことがあれば、何が起こるかを告げておこう。また、これはあなたが望んでいることではなく、会社と従業員の利益を守るためのやむをえない措置であることも説明する。会話を記録し、相手をよく観察する。最初の違反にはただちに取り組むが、相手に敬意を持ち、規律への第一歩を踏み出そう。あなたが人質に取られてはならない。

文化を変える

【確かにそうだが……】「過去のやり方とは決別しようと考えています。これまでは従業員たちはポリシーに背いても平気な顔をしていましたが、もう責任体制をはっきりさせないといけないですね。でも、途中からルールを変えるにはどうすればいいのでしょう?」

危険なポイント

多くの企業が従業員に対して、自発性、チームワーク、カスタマーサービスなどのレベルアップを求めている。ところが残念ながら、変化を求めるリーダーたちの努力にもかかわらず、スローガンや標語だけでは企業文化は容易には変えられない。グループを「チーム」と呼ぶだけでは、チームはつくれない。

長年にわたって甘やかしてきた子どもに対して、いまさら親を敬うように言っても、しつけを怠ってきた結果を逆転させることはできないだろう。それと同じことだ。

解決策

長期にわたって染みついた問題を解決するには、相手に対してあなたが何を欲しているかを正確に知らせる必要がある。漠然と期待するだけでは、問題は改善できない。本人たちも問題に気付いていないだろうからだ。そこで、過去と向き合おう。個人名は挙げずに、これまでの状況の自然な成り行きのあらましを述べる。たとえば、急ぎの注文にすべて「イエス」と答えていたため、慢性的な品質低下と深刻なコストアップを招いたことを説明する。過去の行動と自然な成り行きをリンクさせることで、教訓に基づいて仕事のやり方をリセットさせることができる。

毎日繰り返している仕事が将来にどのような影響を及ぼすのか、その全体像を示そう。やるべきことと、やってはならないことの区別を明確にし、ベストプラクティスを研究して、従来の自分たちの姿と、今後のあるべき姿を比較する。そして具体的に何をすべきかを教えて、それにフォーカスする。あなた自身が何を欲しているかをわかっていなければ、変化は期待できない。まずは自分の期待値を明確にしてから、新たな基準についていけない人たちと責任ある会話を始めよう。それはあなたの権利の問題というより、責任の問題だ。

微妙な線

【確かにそうだが……】「ええ、でも……うちで働いている女性が、いつも細かいミスをするんです。無能とまでは言いませんが、微妙な線なので、首尾良く仕事が進むのかいつも心配なんです」

危険なポイント

ある人の仕事ぶりがいつも微妙な状況なら、明確で具体的な責任ある会話のスキルが試されるときだ。

「問題は、あなたがクライアントに返事をしなかったことではない。返事をしたときに指示した方法ではなく、不適切な態度をとったことにある」

こうした曖昧で形式的な言い方はお勧めできない。「私がどんなに努力しても決して満足しないんですね」などと言われると弱ってしまう。これは相手の問題ではなく、あなたの問題だ。

解決策

働きぶりが微妙な従業員の問題にしっかり取り組んできた熟練者は、調査、準備、結合という三つのファクターで際だったスキルを持つ。

まずはデータを集める。そして微妙な線にある従業員と向き合って、いまの仕事環境のなかで相手が気に入っていること、気に入らないことについて話し合う。相手の不満、希望、関心事は何か。何が仕事を根本的に邪魔しているかを明らかにし、その解決を心から願いつつ、「調査」のための会話に望もう。

次に記憶と観察をもとに、事実を丹念に集める。そうすれば優秀な仕事と凡庸な仕事の間にある、明らかな違いを詳細に説明できるだろう。この点は重要だ。多くの人はこの違いについてあまりに曖昧で、「あなたの態度によってあなたの地位が決まる」とか「一一〇パーセントの努力を傾けてほしい」などという、典型的なスポーツの訓示のような、気分だけで中身のない言葉を使うのがオチだ。このようなアドバイスは、言う方にとっては理にかなっていると思っていても、変化を求められる人たちを混乱させ、侮辱するだけだ。

自分自身に「具体的にどのような行動を説明すれば、優秀さと凡庸さの違いを明らかにできるのか」と問いかけてみよう。ひとつ例を挙げておく。

「いいかい、君はメールを書き終えたら、ざっと一回読んですぐに送信ボタンを押しているだろう。私の思うに、外部の人にメールを出すときには三つのステップを踏むといいよ。まず声に出して読んでみて、本当に言いたいポイントを押さえているかを確認する。次に二時間後にもう一度読み直す。そして最後に信頼できる人に全体を読んでもらうんだ」

先にあなたの説明したいことを明確にしておくことだ。それがないまま、曖昧な「優れたパフォーマンス」と相手の現状の仕事ぶりとのギャップを理解させることはできないだろう。責任ある会話をするための準備として、有用なファクトを注意深く集めておく。

最後は結合だ。準備したことと観察結果をリンクさせる。あなたのアドバイスが単に相手の問題を解消するだけでなく、より大きな願望を達成するのに役立つことを説明しよう。そうすれば、あなたの影響力はずっと大きくなる。あなたの変化へのアドバイスを自分の目標に結びつけるやり方を示せば、相手にとって学び成長するよい機会になるだろう。それができなければ、相手の改善は望めない。

お皿があふれそう

【確かにそうだが……】「うちの職場の最大の問題は、公には話せません。いつも自分の能力以上の仕事を与えられているので、すべてをこなしているように見せかけないといけないのです。それを大っぴらに話せば、チームの和を乱すと言われてしまいます」

危険なポイント

これはとんでもないことを人にやらせるための、ある種のトリックだ。軍隊では長年にわたり、このようなテクニックを利用してきた。軍隊では新兵たちをそそのかして、彼らより数週間後に入ってきた新米たちをいじめさせる習慣がある。もし地位のある人間が同じことをやれば、その責任は免れないだろう。上官がやったら刑務所入り間違いなしの行為を、新兵たちが仲間に対して行うのだ。

企業でも似たようなことが行われている。管理者たちは従業員の健康を害するほどの仕事をさせようとするとき、決してそれを口頭や書面で伝えることはない。まさかそんなことを表立って要求できないだろう。その代わり、非現実的な量の仕事を押し付けながら、誰もがじっとそれを我慢することを当てにしているのである。上司が部下たちに影響力を行使し、非常識な労働時間と仕事量を受け入れさせているのは確かだ。しかし、それに耐えている従業員や、それを見て見ぬ振りをしている同僚も、問題の当事者だ。これは暗黙の共謀だと言える。

素朴な新入社員が「仕事と生活のバランスをとるべきだ」などと公の場で率直な意見を語ったなら、これは単に上司だけの問題ではなく、会社全体の「文化」の問題だということを痛感するだろう。その文化に挑戦する人間は、「和を乱す人物」だと見なされるのだ。

解決策

この場合の責任ある会話は、共通目的をつくるところから始める必要がある。職場の「和の尊重」という問題をストレートに取り上げよう。

「皆さんが公然と話をしたがらない問題について話したいのですが。私の目的は、みんなが会社に貢献しつつ、自分自身の目的も達成できるようにすることです。もちろん私も和を大切にしたいと思っていますが、そのためにはどうしたらいいか知りたいのです」

次に事実を並べながら、結論として自分の仮説を語る。

「最初から締め切りが守れないのを知りながら、仕事をやっているのではないですか？なのに周りの人たちに聞いても、笑いながら黙ってうなずくだけです。それに何だか、みんな他の人たちが締め切りに遅れることを願っているような気がします。誰か他の人が最初に締め切りに間に合わないことを白状して、全体の締め切りを延ばすことになれば、自分が締め切りに遅れることは避けられる。これではまるでチキンレースです。大量の仕事を抱えて、絶対に間に合わない締め切りと正面衝突する直前に、誰が最初に音を上げて逃げ出すか、度胸試しをしているんです。この問題について話し合いたいのですが、どうでしょうか。それとも、こんなことを考えているのは私だけなんでしょうか？」

ここで、あなたは文化的な壁をつくりだしている根本原因を探る必要がある。誰か個人を責めるのではなく、あくまで原因を探るのだ。この世界は、賢明な人たちが愚かなことをしでかしてしまう文化に満ちている。その事実を忘れてはならない。従業員が相互にどんな影響を与えているのか。組織的な問題はいくつあるのか。何が自分たちをこのような不都合な状況に追い込んでいるのか。

これは非常に大きな問題だ。想像以上に多くの人に、多くのストレスをもたらしている。国際競争の激化、資源の減少、労働時間の増大に伴い、仕事量はほとんど不可能なレベルに増え、いまやジョークと言ってもいい段階に達している。その結果は、過労、ストレス、そして不誠実である。

最後のメモ

この問題は公の場に持ちだす前に、何人かで相談した方がよさそうだ。これまで本書で取り上げてきた問題とは違い、これは個人的な話し合いで解決できるものではない。なぜなら、これは大きな文化の一部だからだ。だから事前の準備が必要だ。何人かの同僚たちと一対一で会ってみて、同じ気持ちを共有できるかを確かめよう。もしそれが可能なら、あなたが問題を持ちだしたときに、彼らの率直な意見も聞いてみよう。公の場に持ちだすのはその後のことだ。

小言屋になりたくない

【確かにそうだが……】「何度も同じ問題で話をしてきましたが、配偶者も子どもたちも前のやり方を変えようとしません。自分がまるで小言屋のように思えてきて……。でも、そうはなりたくないし」

危険なポイント

小言屋になってしまうのは、同じ問題が繰り返されているからだ。相手は約束を破り続ける。あなたは元の違反について話をするだけで、何度も約束をしてはそれを破るという、もっと大きな問題は手付かずのままだ。

解決策

配偶者がベッドルームに服を脱ぎ捨てておいたり、食器洗い機に自分の食べ終わった食器を入れなかったり、歯磨き粉のチューブを真ん中から搾ったりする。そして、その問題を注意しても繰り返すときには、約束を守れないという新たな問題だと考えるべきだ。あなたは分かれ道に立っている。ここでパターンについて話すこともできるし、不平を言うこともできる。あるいは折り合いを付けてもいい。

途中から絞られた歯磨き粉のチューブやシンクに重なった皿は、小言の元になる小さな違反だ。だが、それはしばしば繰り返され、そのたびに配偶者はあなたから叱られることになる。たとえば、「私の妻は小言屋でね。私が若い女の子と浮気するたびに、大げさに騒ぐんだ」などと言う人はいない。大きな問題が重なれば、それは災難を引き起こす。小言の対象は、あくまでも細かな問題の繰り返しだ。どちらの問題を選ぶかはあなた次第である。

もし元の問題があなたを悩ませ続けるなら、パターンについて話す。だが、それは元の問題が話し合いに値する場合だ。元の違反自体が怒るに値しないこともしばしばある。たかが歯磨き粉チューブのことなら、あなたはもっと心を広く持った方がいい。折り合いを付ける道を選択するなら、この問題は議論に値しないという決定を相手に伝える。チューブを途中から搾らない方が、あなたにとってはいいかもしれないが、再び問題にしないことを選択し、放置するのだ。

問題だらけの関係

【確かにそうだが……】「いつもミスをする同僚がいて、だから会話もトラブルについての話ばかり。彼はもう私の言うことなんか聞いていないようです。こんな一方的な関係で、どうすれば話し合って問題を解決できるんでしょうか」

危険なポイント

まれに責任ある会話をする以外にほとんど人間的な関係がない場合、相手と能力のギャップをめぐって安心して話をすることは難しい。好むと好まざるとにかかわらず、あらゆる人間関係には転機というものがある。会話の大半が責任問題で占められる場合、どのような話題であろうが、どのような意図で話を始めようが、相手は不安のなかであなたの言葉を待つことになる。相手にとって、あなたは小言屋以外の何者でもない。

解決策

気楽な雰囲気で相手と話をすることは、人間関係にとって非常に重要だ。我々の三つの研究で明らかになったことだが、職場の管理がうまくいくためには、社員同士の活発な交流が唯一の要因になる。あなたと相手との交流が活発でなく、話題のほとんどが相手の問題に関するものが占めていたら、事態は絶望的だ。責任ある会話はスタートでつまずいてしまうだろう。相手はあなたを人間としてではなく、役職者としてしか見ないからだ。

そこで交流の幅を広げる必要がある。交流するにあたっては、仕事上の肩書を忘れて、個人同士として付き合うよう心がけよう。我々が初めて行ったリーダーシップ研究で、驚いたことがある。役員から最も高い評価を受けている社員たちが、外部からの客に仕事場を案内することになった。すると彼らは、自分の部下を紹介して自慢した。それだけではなく、部下の子どものエピソードまでお客に話したのだ。「ケルヴィンの息子さんは海軍兵学校にいるんですよ」という調子だ。ふだんから彼らは、部下と実に多くの話題を共有し、個人的な関係を築いていたわけだ。逆に業績の上がらない社員たちは、お客に設備や製品ばかりを見せていた。まるで部下などいないかのように、彼らはその前を通り過ぎていった。

こんなふうに、しっかりした人間関係をつくることは非常に重要だ。ランチに誘い、とくにテーマも決めず、ただおしゃべりをしよう。散歩しながら相手が楽しめる話題を気軽に話そう。そして、あなたから見て仕事が首尾よくいっていたら、それを褒めたたえよう。相手を問題の震源地ではなく、ひとりの人間として見るのだ。そうやって健康的な関係をつくってこそ、問題が起こったときに解決できる。

家庭においてもそうだ。仕事に追われて時間が取れず、子どもをランチに連れて行ったり、何の目的もなく共に時間を過ごすことができなければ、あなたの家族は転機を迎えつつある。子どもが問題を起こし、親子の会話が必要になったときでも、あなたは思いやりのない小言屋としか見なされない。話し合いの意図は、つねに疑いの目で見られる。そうなると、子どもに影響力を与えるような、意味のある会話をするのは難しくなってしまうのだ。だから、決して機を逃してはならない。相手が問題を起こしてあなたを失望させればさせるほど、いっそう努力してバランスの取れた関係をつくるべきだ。

変われるとは思えない

【確かにそうだが……】「この件は長年にわたるパターンなんです。私や周囲の人たちが本当に変わることができるのか、自信がありません。現実に行動を変えることは、本を読むよりずっと難しいですよね」

危険なポイント

習慣のことを考えると、絶望する人は多いだろう。人間関係のうちのほとんどの行動は無意識のうちに行われる。人は生まれつき備わった、陳腐でほとんど自動化された台本に従って行動している。我々はファストフードを注文するのと同じくらい安易に、無意識のうちに子どもを叱りつける。自分の台詞も相手の台詞もあらかじめ知っており、考える必要がない。どちらの役割も演じることができる。

どうしたら長年の習慣から抜け出せるのだろうか。

人はまた、自分のダイエットの努力とその結果について考えるたびに絶望している。数キロの減量に成功しても、そのうち九〇パーセントの人が同じだけリバウンドする。そんなことを何度も繰り返しているので、「今度は絶対に痩せるぞ。今度だけは違う」という自分のストーリーさえ信じられなくなっている。あるいは、毎年発売される新製品を使ったエクササイズを試みては、ガレージが新品同様のエアロビック・マシンで一杯になっているのを見たり、ピクルスの瓶を開けようとして汗だくになるときや、もっと健康な食生活をしようと決意して健康食品の店に行こうとしたついでにハンバーガーショップに寄ってしまった自分を発見して、気が抜けてしまったときにも絶望しているかもしれない。

何かの習慣を身に付けようと自分に言い聞かせても、それが続けられない。そんなことに慣れてしまうと、人はシニカルになる。自分を疑うようになり、どうせ最後まで続けられないのだからと、再挑戦することにも気が進まなくなる。

では、どうやったら計画どおりに物事を行えるのだろうか。

解決策

幸いなことに、本書で取り上げているスキルは新しくも珍しくもない。いずれも他の惑星で発見されたものではない。賢明な人が使っているスキルは、あなたも調子のよいときには使っているものだ。責任ある会話に挑み、自制心を失って愚かな行動をとらないように注意を払い、問題の解決に成功する。うまくいくときには、あなたも本書で紹介したような人たちのように、問題解決にたぐいまれなベストプラクティスを示すことができる。

だから、あなたはすべてを変える必要はない。二つか三つだけ変えればいいのだ。そして、少しだけ一貫性を持つようにする。生まれ持った性格を変える必要もない。よりよい結果を得るためには、考えを少しだけ見直して、二つか三つだけ行動を変えればいい。それだけだ。遺伝子や脳を作り替える必要もない（そんなお金があったら遊びのためにとっておこう）。

この「考え方と言葉の微調整」を容易にするために、いくつかの提案がある。ひとつは、二人で組になって本書のスキルを練習することだ。仲間を見つけてアイデアを共有し、ゴールを定めて一緒に練習し、お互いに助け合う。そうやって未経験の責任ある会話に挑戦しよう。

自分だけで行うか二人で行うかにかかわらず、スキルをひとつ選んで、それを実行してみよう。次に他のスキルで同じことをする。週に一時間ずつ、一〇週間続けてみる。それだけで大きな変化をもたらすことができるだろう。家庭でも職場でも機会をつくり、これまで見逃してきた問題について会話をしてみよう。最後に、バイタルスマート社のサイトにある支援ツールが無料でダウンロードできるので、ビデオとともにぜひチェックしてほしい（http://www.vitalsmarts.com/bookresources）。

会員登録すれば、継続的なサポートと情報提供が受けられる。スキルを一つ選んで、まずは一週間取り組んでみてほしい。

クルーシャル・スキル・ニュースレター・コミュニティーにようこそ

あなたが最も気にかけていた疑問は解消されただろうか。Eメールで無料のニュースレターを購読して、個別のケースに関する疑問を寄せていただきたい。現実の難しいケースをよく知る著者グループが、読者の質問に回答する。会員登録はこちらからどうぞ。

http://www.vitalsmarts.com/bookresources

付録A
――あなたの会話力は?

責任ある会話スキルを自己診断する

あなたの会話能力は?

スキルのレベル診断をして、本書があなたにどれほど役立つかを調べるために、以下の質問に率直に回答してほしい。当てはまれば「はい」、当てはまらなければ「いいえ」にチェックすること。

下記の自己診断テストはバイタルスマート社のサイトでも提供されている(http://www.vitalsmarts.com/bookresources)。同サイトでは、家族や組織で責任ある会話を行うスキルの診断ツールも提供している。

話の内容と、それを言うべきかどうかを決める

はい　いいえ

□　□　1. 言い争いを避けるために、話し合いを先延ばしする傾向がある。

□　□　2. 期待を裏切ったり自分を困らせたりする相手と話し合いはするが、問題の本質には踏み込めず、表面的な話にとどまってしまう。

□　□　3. 大きなリスクを負わずに重要な問題を話し合える方法があれば、人生はいくらか改善されるだろう。

□　□　4. 醜く対立するよりも折り合いを付けたほうがいいと自分を納得させて、議論を避けてしまうことがよくある。

□　□　5. いちばん気になる問題について、何度も同じ話を繰り返していることがある。

正しいストーリーを創る

はい　いいえ

□　□　6. 意地悪く身勝手な行動をする相手には、不親切な対応をしても当然の酬いだと思う。

□　□　7．相手が約束を守らない理由を性急に決めつけることがよくある。
□　□　8．相手がわざと問題を起こしていると考え、その思い込みが間違っている可能性を考えずに行動することがときどきある。
□　□　9．しばしば自分は怒りっぽいかもしれないと思う。
□　□　10．相手を全面的に責めたあとで、自分にも責任があることに気付くことがある。

ギャップを説明する

はい　いいえ
□　□　11．自分が問題を指摘すると、話し方のせいで反発を買うことがある。
□　□　12．相手の不適切な行動を人前で指摘することがある。
□　□　13．どうやって相手を攻撃せずに率直なフィードバックをすればいいのかわからない。
□　□　14．話し合いの際、自分が話すばかりで相手の話をよく聞かないことがある。
□　□　15．話し合いの際、相手が自分の考えを言いづらい雰囲気をつくってしまう。

意欲を持たせる

はい　いいえ

□　□　16. 自分には影響力がないので、人に変わろうという意欲を与えられない。

□　□　17. 相手に意欲を与えるために、罪悪感や脅しに訴えることがある。

□　□　18. なぜやるべきことに興味を持てない人がいるのかわからない。

□　□　19. 自分が求める行動が相手にもいちばんの利益になるのに、わかってもらえないことがある。

□　□　20. 率直に言って、周囲の人に意欲を持たせることができない。

容易にする

はい　いいえ

□　□　21. 相手にとって興味が持てず不快な仕事を、叱りつけてでもやらせることがある。

□　□　22. 仕事のことで相談を受けたとき、相手は自身の考えを話したいだけなのに、一方的にアドバイスを与えてしまう傾向がある。

□　□　23. 楽に働こうとするのは甘えだ。やるべき仕事はひたすらやればいい。

□　□　24．問題解決のために話し合ったのに、相手が仕事に全力で取り組む意欲があるかどうかチェックし忘れることがある。

□　□　25．相手の考えを尋ねておきながら、実は自分のプランがすでにあって、相手の意見は参考にしないことがある。

目標を見失うことなく、柔軟に

はい　いいえ

□　□　26．話し合いのとき、話がそれて本来の問題を見失ってしまうことがある。

□　□　27．責任ある会話のなかで新たな問題が持ち上がったときに、どう対応していいかわからない。

□　□　28．話し合いの途中で相手が怒ったら、どう応じていいかわからない。

□　□　29．話し合いの目標を見失わない自信はあるが、たまに相手が本当に話し合いたがっている問題を抜かしてしまうことがある。

□　□　30．相手が決められた予定をあなたに無断で変更しても、その責任を追及しない。

プランに同意してフォローアップする

はい　いいえ

□　□　31．問題に取り組んでも、誰がいつまでに何をやるべきか確認し忘れることがある。

□　□　32．やってほしいことが相手に正確に伝わっておらず、その結果にがっかりすることがときどきある。

□　□　33．具体的な締め切りを言い忘れていて、希望の日時までにやってもらえず驚くことがある。

□　□　34．家庭や職場で自分は非常に口うるさい人間だと思われている。

□　□　35．人に仕事を頼んでおきながら、フォローアップする十分な時間がないことがある。

採点

「はい」の数を合計して、下記の各項目の指示を参考にしてほしい。

35－26：本書をつねに手にして読み返すこと！

25～16：正直な人だ。きっと本書が役に立つだろう。
15～6：優れた会話能力を持ち、成功する可能性は高い。
5～1：ぜひあなたの経験を教えてほしい。

各章の結果

このテストは、責任ある会話スキルを説明した七つの章ごとに五問ずつ出題されている。各章の結果を確認して、最も「はい」の数が多かった章に注目しよう。その章に、あなたが最も取り組むべき課題を解決するためのヒントがある。

付録B
――六つの影響要素・診断のための質問

六つの影響要素モデルは、人間がある行動をとる理由を理解するための視野を広げてくれる。個人的能力だけでなく、行動の裏にある社会的・環境的な背景に関わる六つの影響要素のすべてに目を通そう。それによって、「わざと問題を起こしているんだろう」といった従来の見方に転換をもたらし、理解を深めてくれる（上図）。

ここでは六つの各影響要素を深く理解するために、以下のような質問を用意した。この診断用の質問に答えることで、「なぜギャップが発生したのか?」、「なぜ人を失望させるような行動をとったのか?」という疑問への答えを見出すことができるだろう。

図表B - 1

	意欲	能力
個人的	何をするか	それができるか
社会的	周囲からのプレッシャー	他人からの援助
組織的	アメとムチ	組織、環境、物

影響要素1．個人的意欲（苦痛と快楽）

相手はいまの行動から楽しみを得ている。または、苦痛を伴うが望まれた行動を求めている。

診断用質問

- 相手は求められたタスクを楽しんでいるか？　タスク自体に満足を覚えているか？
- 仕事の内容や仕事の習慣に誇りを持っているか？
- 求められるタスクは退屈で、心身ともに疲労と苦痛を伴うものか？
- 不適切な行動を続けているのはそれが快楽を伴うからか？

影響要素2．個人的能力（強みと弱み）

相手に要求されたタスクをこなす知識や能力がない。別のタスクであれば、適性を発揮できると感じている。

診断用質問

- 相手は正確で十分な情報を持っているか？
- タスクをこなす精神的能力があるか？
- タスクをこなす肉体的能力があるか？
- いまのタスクに失敗するのは適性がないからであって、他のタスクであればできると思っているか？

影響要素3．社会的意欲（称賛とプレッシャー）

周囲の人間（友人、家族、同僚、上司）が適切な行動を罰する一方で、不適切な行動を称賛している。

診断用質問

- 正しいことをしても周囲から注目されず、あるいは軽蔑すらされるか？
- 同僚たちが不適切な行動をするようにプレッシャーを与えたり、辱めたり、挑発しているか？

- 相手の上司が他のタスクに高い優先順位を与えていないか？　あるいは適切な行動を支援せずにいるか？
- 仕事を達成することが家族や友人との不和を招いていないか？
- あなたは相手を失望させるような行動をとっていないか？
- あなたは相手をやる気にさせることに失敗していないか？

影響要素4．社会的能力（支援と妨害）

周囲が適切な行動を邪魔したり不可能にさせている一方で、不適切な行動を後押ししている。

診断用質問

- 周囲は情報を出し惜しんでいないか？
- 周囲は相手が必要な資源を提供しているか？
- 周囲は必要なときに支援を提供しているか？
- 周囲は適切な許可や権限を提供したか？
- あなたは相手の成功を妨げる行動をとっていないか？

・あなたは相手が仕事をやりやすくするための支援や資源を与えているか？

影響要素5．組織的意欲（アメとムチ）

公式的な報奨制度が不適切な行動を後押しし、適切な行動への意欲を削いでいる。

診断用質問

・適切な行動をすると金銭的に負担がかかるか？
・適切な行動をすると出世や仕事の妨げになるか？
・適切な行動をするとキャリアや労働条件がリスクにさらされるか？
・不適切な行動をすると経済的利益があったり、キャリアや労働条件によい影響をもたらしたりするか？

影響要素6．組織的能力（橋と壁）

環境、組織、ポリシー、手続き、規則など、さまざまな〝物〟が適切な行動を邪魔したり不可能にしたりする一方で、不適切な行動を容易にする。

診断用質問

- 相手に求められているタスクは現在の職務内容の一部か？
- 求められている行動を邪魔したり不可能にしたりするポリシー、ルール、手続きはないか？
- タスクを邪魔する官僚的な手続きや壁はないか？
- 必要な装備やツールがあるか？
- 物理的環境によって行動が後押しされたり妨害されたりしていないか？
- 必要な情報にアクセスできているか？　業務実績に対して適切なフィードバックが得られているか？
- 相手のゴールと優先順位は明確か？

付録C
――成果に対する称賛について

本書は期待と現実のギャップにどう取り組むかについて述べてきたが、ここで本文では触れなかった問題について考えてみたい。相手が期待どおりか、またはそれ以上の成果を上げた場合についてだ。そのときこそ、心から称賛を送る機会だ。

称賛

称賛は問題を解決する重要な役割を持っている。責任ある会話の熟練者は、相手と話し合うなかでうまく称賛を使っている。彼らは物事がうまくいっているかどうかを常に確かめ、成果があるたびにオープンにそれを口にする。だから話し合いの場でも、相手は自分が価値ある人間として尊重されており、自分に関心を抱いてくれていると確信できるのだ。率直な褒め言葉を惜しみなく与えておけば、期待外れの結果をめぐって責任ある会話をするときでも相互敬意の雰囲気が保たれるわけだ。

会社で報奨制度が注目されるのは年二回、人事担当者が満足度調査を行うときだろう。従業員が不満を抱いている問題の第一位が、報奨制度に関するものだからだ。不満は、自分が仕事をやり遂げたことを認めてもらえないことから生じる。つまり、多くの企業では報奨制度のせいで、相互敬意の雰囲気が損なわれていることになる。このような流れを逆転させるために、ここでは称賛について見直してみたい。それはあなたの直感とは反することかもしれないが。

直感に反する提案

あなたが必要だと思っている倍くらい、相手を褒めよう

褒めることに消極的な人は多い。そういう人は、誰かが従業員や家族を褒めようとすると、あまり褒めすぎないようにとブレーキをかけたりする。称賛を大盤振る舞いすると価値が下がり、意味がなくなると信じているのだ。オリンピックの表彰式とか、退職記念パーティーとか、葬式のような特別の機会のために、称賛を出し惜しみするわけだ。だが、良いものなら多ければ多いほどいいのではないだろうか。

相手をあまり褒めない、いちばんの理由は、日ごろからポジティブなものの見方をしていないため、褒める機会を見逃すからだろう。たとえば、子どもがけんかをすることにはすぐに気付くが、けんかをしないでいることには気付かない。また、部下が問題も起こさ

ず、毎日コツコツと働いていることに気付く人もいない。架空の探偵シャーロック・ホームズは、犬が鳴かなかったことに気付いて犯罪を解決した。あなたもホームズのように、ノイズがないことに気付く感性を備えよう。仕事や家庭の問題も同じことだ。問題が起きていないこと、万事が順調にいっていることに気付かなければ、人を褒めることはなかなかできない。

効果的な報奨の与え方をいくら研究して議論しても、一向に改善されず、頑固に古いやり方にこだわり続けるのはなぜだろうか。それは、人間がどうしても悪いことに注目してしまう曇った視覚のせいだ。リーダーシップの理論では、これを「例外管理」と言う。つまり、誤りに注目し、それに対してしかるべき措置をとるという原則だ。家庭でも、この火種がいまも残っている。その炎が家を飲み込んでしまう前に消し止めておこう。従業員が例年の満足度調査で不満を言うのは、自分の業務成績が低いという点だ。それは上司が問題点にばかり注目して、仕事がうまくはかどっていることに気付かないからである。

もちろん、記録破りの成果があればそれには気が付くだろう。新記録を打ち立てたり、困難なタスクを達成すれば、誰でも気が付くことだ。しかし、巨大で例外的な業績を高く評価しても、そこには意外性がない。だから心からの称賛とは受け止められず、報奨をもらってもそれは当たり前のことだと思われてしまう。人間には次々と称賛を求めるという習性があるが、偉業を祝福することでは決してその欲望を満たすことはできない。

もう少し視野を広げてみよう。文豪のマーク・トウェインは、こんな言葉を残している。「よい褒め言葉をもらえば、二カ月はそれで生きていける」。トウェインはそう言いながらも称賛を求め続け、一生をアメリカン・ヒーローとして送った。ましてや文書整理の事務員やプログラマー、看守のような地味なヒーローたちにとって、「ありがとう」という一言はどれほど待ち遠しいことだろう。彼らが記録的な業績を挙げなくても、仕事で成功をして褒め言葉をもらうためにはどうすればいいのか？

仕事がうまくいっているときにはそれに気付かないのは、心理学で言うと「図と地《じ》の分化」という現象だ。人間の知覚システムは、視野に入るものを目に見える「図」とそれ以外の背景となる「地」に分けて単純化して受け止めるようにできている。会社や家庭において、問題は「図」であり、それ以外の出来事はすべて「地」となるわけだ。

オランダの画家Ｍ・Ｃ・エッシャーは、人間の図と地の認識に混乱を生じさせる作品を描き、同時代の芸術家のなかでも大成功を収めた。最初に見たときには黒い鳥が描かれた作品だと思っていたら、目を細めて改めて見ると今度は白い鳥が見えてくる。この絵を見るときのように、人間の認識の傾向を変化させて、ルーチンの仕事での成功にもっと注目が集まるようにすれば、生活はずっとハッピーなものになることだろう。

目を細めてエッシャーの絵を見るように、これまでずっと背景にあったものを前景に変化させ、注目して称賛する対象を入れ替えるべきだ。日ごろの従業員や家族の努力と実績にいつも気付くようになったら、どうなるだろうか。会社や家庭が罰を与える場所ではなく、よい行いが褒められる場所に変わったら何が起きるだろうか。

このように認識を大転換させて、半世紀以上にわたって人を褒めることを惜しんできた習慣を変えてやるのに必要なのは、次のたった三つのことだ。相手へのコミットメント、評価基準の変更、報奨のきっかけづくりだ。

わかりやすいように実例を挙げよう。フォード自動車の前CEOドナルド・ピーターセンは毎日、巨大なデスクの前に座っていた。オフィスはバスケットボールができるほど広かった。そこで彼は部下に宛てて、率直でポジティブなショート・メッセージを手書きで書いていた。彼はこう考えたからだ。「私の一日の仕事のうちでいちばん大事な一〇分は、部下のやる気を引き出すことだ[1]」

世界最大級の企業のCEOであれば、長期計画とハイレベルな経営判断で日常の業務時間のすべてを占めてしまいがちだ。ところがピーターセンは、社員の仕事ぶりを正しく評価することが、最も重要な仕事だと考えているのである。この発想の転換こそ、我々が考えていることだ。リーダーや親のいちばん大事な仕事は、相手を率直に評価することだ。そう考えてこそ、トラブルにばかり注目する長年の習慣と心理的メカニズムを克服することができるだろう。

ピーターセンの二つ目の習慣も注目に値する。彼が部下に渡したのは手書きのメモだった。その内容は、日常的なささやかな達成に関するものだった。ホームランに対してだけではなく、ベンチからの応援や黙々と手伝いをすることにも彼は感謝を捧げた。現在の称賛の基準には、二つの大きな壁がある。一つは、記念碑的な功績を挙げなくてはならない点。もう一つは、報奨の内容が功績の大きさに見合った手間と費用のかかるものでなくてはならない点だ。その習慣を壊そう。ささやかな達成を見つけて褒めるのだ。大きな達成はすでに十分にたたえてきたのだから。

世の夫たちは、この点で苦労をしてきた。妻が本当に望んでいるのは、温かい言葉と優しいスキンシップ、心のこもった笑顔だ。ところが夫たちは何カ月もその機会を逃し続けたあげくに、新車などを買って報いようとする。あるいはもっとひどいときは、自分ではすばらしいと思っているのに妻は欲しくもないプレゼントを贈ったりする。極端な例では、バレンタインデーにマンホールのふたを妻にプレゼントした夫もいる。そのマンホールのふたにはCONという妻の（ニューアーク市の）イニシャルが刻印してあったからだ。「まあ、素敵！　私のオリジナルのマンホールのふたね。首かけ用のチェーンもついてるの？」などと妻が喜ぶと思っているのだろうか。

注目すべき三つ目の要素は、なかなか気付きにくい。フォードのCEOは毎日座ってメモを書いた。そうすれば、いちいち社員の功績を覚えておく必要がなくなる。真面目にささやかな達成を探して、その業績をたたえたいと考えていても、人はしばしば忘れてしまう。トラブルは「図」であり、スムーズにいっている状態は「地」だからだ。この習慣をひっくり返すため、適切な行動にフォーカスするための時間を設けよう。毎日、社内を歩き回って称賛に値することを見つけるための時間をつくるのだ。それからパソコンに向かって、同僚や部下のメールアドレスを指定し、心のこもったメールを書こう。短く、だが誠実に書くことが大切だ。時間と練習を重ねるうちに、より自然にできるようになるだろう。

小さな成果に注目して感謝の気持ちを表したり、メッセージや小さな思い出の品を渡したりするのは、あまりにも控えめで安っぽいと思うかもしれない。だが、次の話を読んで考えてほしい。著者グループの一人は毎年、旧友から手書きのメッセージ入りのバースデーカードをもらっている。彼はその友人と一〇年以上も会っていない。それでも毎年、カードが郵便受けに投函される。これはすばらしいことだ。確かにこれは家族からもらうのと同じ、ただのカードに過ぎないが、そこにはいつも心のこもったメッセージが書き込まれている。ときどき彼はその旧友に電話をする。また、感謝のEメールを送る。だが、ほとんどの場合、彼はただカードを読んで温かな友情を思い起こし、人から認められたという満足感にほほ笑むだけだ。しかし、このささやかな心暖まる瞬間は決して色あせることはない。

カードを送ってくれる人のカレンダーには、きっとあなたの誕生日が書き込まれているだろう。それは報奨のきっかけだ。そして当然、彼はあなたのことを気遣い、楽しませようと思っている。それはあなたへの深いコミットメントの表れだ。さらに彼は、誕生日を心のこもった言葉を送るに値するイベントだと考えている。それは評価基準の転換だ。

一対一で個人的に褒める、公の場でチームとして褒める

このアイデアは、一般に企業で行われていることの対極だ。従来の授賞式は、受賞者を友人や同僚たちの称賛の的にさせることを裏の目的としてきた。そのどこが悪いのかと思うかもしれない。ところが研究によれば、気を付けないと受賞者が周囲の恨みを買う結果をもたらしてしまう。「なぜ自分が選ばれないのか」という疑問を抱く人が多いのだ。だから賞を与えるなら、チームの成功はチームで称賛し、個人の成功は個人的に称賛をした方がいい。

結果ではなくプロセスに注目する

これも一般的な常識とは逆だろう。チームでも個人でも、通常は記録破りの業績を上げた場合に報奨される。ところが危険なのは、結果を表彰することにより、もっと高い数字を挙げるためにルール、規則、ポリシーを破る者が現れる恐れがあることだ。ときには数字のごまかしまで起きる。結果などどうでもいいと言いたいわけではない。効果的なプロ

セスを考え出そうと知恵を絞る者たちに報いることの大切さを強調したいからだ。

たとえば松下電器の工場では、給仕スタッフのグループが社長から経費節減の金メダルをもらった。社員食堂でお茶を出すための費用を節約したことが認められたのだ。(2) 給仕スタッフたちは社員食堂の利用者がいつもどこに座ってどのくらいお茶を飲むかを記録し、各テーブルに適切な量のお茶を準備した。もちろん、彼女たちが経費節減に最大の貢献をしたわけではない。だが、表彰されたのは彼女たちが他の者たちよりもよいプロセスを考案したからだ。

構造に自発性を加える

ここまで報奨の問題について具体的に見てきたが、ここでまとめておこう。会社が社員に与える賞は多くの場合、月例の表彰式や年次の祝賀会のように制度化されている。ところが多くの社員にとって、これらのイベントは受賞者を褒めたたえるための場に過ぎず、シニカルになる。すると賞は義務的で偽善的な感じをもたらし、称賛は機械的で冷たい印象を与えることになる。そしてシンプルで偽りのない個人的な手書きのメッセージは、機械で文字を彫った豪華な盾に置き換えられ、すべての受賞者に同じものが贈られる。

この型にはまった報奨を、その一〇倍の回数の非公式の報奨によって補おう。個人的なメッセージを書き、廊下で相手を呼び止めてクッキーや花を手渡し、「ありがとう」という魔法の呪文を唱える。仕事がうまくいっているのを見て、自然と心から湧き出る感謝の気持ちを伝え、相手を褒めたたえるのだ。相手が何をしたのか、なぜそれが注目に値するかを説明し、最後に簡単に感謝の言葉を添えよう。

このような非公式で自発的な表彰を、企業と家庭の重要な習慣として取り入れれば、公式的な表彰も機械的で義務的なものではなく、もっと心のこもったものに感じられるようになる。報奨をあなた自身の生活スタイルの一部に位置づければ、責任ある会話をする際にも、安心と信頼と敬意に基づいた関係を相手と築くことができるだろう。

付録D
――読書グループのためのディスカッションテーマ

本書のアイデアを実践に移すために、家庭や職場で小さなグループをつくり、毎週一回ほど定期的に集まってディスカッションを行うことをお勧めする。以下は、グループ・ディスカッションで話し合うべきテーマのたたき台だ。

このリストは http://www.vitalsmarts.com/bookresources からもダウンロードができる。

1　家族やチーム、会社が直面している問題が深刻で長期にわたるとき、その背後には責任ある会話の不在や、会話がうまくいっていないという現実がある。それについて説明しよう。

2　あなたがいつも避けてしまう責任ある会話はどんなものだろうか。また、思い切って取り組んでみたものの、うまく解決できなかったギャップはどういうものだろうか。

3　責任ある会話を持つと決めたとき、相手は率直な会話を避けるためにどんな策を使うだろうか。また、あなたがいちばん多く使う策は？　沈黙と暴力を行き来する癖を改めるために、あなたならどんな手を打つだろうか。

4　問題に取り組むと決めたときによくある失敗は何か。責任ある会話が堂々巡りに陥るのはどんなときか。

5　あなたは、相手が問題を起こしたのは意図的だと考え、説教をしようとしている。そのことが状況を悪化させ、あなたにリスクをもたらす理由は何か。

6　責任ある会話において、最初の瞬間がなぜそれほど重要なのだろうか。最初にギャップを説明するときに、人は一般的にどんなミスを犯すのか。

7　人に意欲を与えるものは何か。また、それはなぜか。地位のある人が相手に意欲を与えようとして犯しがちな失敗は何か。

8　相手が約束を守れないとき、新任のリーダーや親はどんなミスを犯しがちだろうか。相手が壁に突き当たっているとき、問題解決のためのアイデアを相手に尋ねるのはなぜか。なぜ相手の仕事を〝容易にしてやる〟必要があるのか。

9　問題について話し合っているうちに新たな問題が持ち上がったとき、あなたは何をすべきだろうか。また、新たな問題に取り組むと決め、本来の問題からそれてしまうのはどんなときか。元々の問題にフォーカスしつつ柔軟になるべきなのはどんなときか。

10　本書のなかで最も重要だと思った原則は何か。どの箇所に最も驚いたか？

11　本書のなかで最も実行が難しいと思ったスキルは何か。それはなぜか。そのスキルに上達するにはどうすればいいのか。
12　ディスカッション・グループでどのように助け合えば、お互いの責任ある会話スキルを向上させられるだろうか。
13　とりわけ難しい会話の準備や実践の際に、お互いにどう助け合えばいいのか。
14　自分が最高の行動をとれるようにするために、あなたはどんなメソッドを使えるか。とくに腹を立てていて、お説教モードになっているときにはどうすればいいだろうか。

mental View (New York: Harper & Row, 1974).

第4章

1) Kurt Lewin, Ron Lippett, and Robert White, "Patterns of Aggressive Behaviour in Experimentally Created 'Social Climates,'" Journal of Social Psychology 10 (1939), 271-299.
2) Yuichi Shoda, W. Mischel, and P. K. Peake, "Predicting Adolescent Cognitive and Social Competence from Preschool Delay of Gratification: Identifying Diagnostic Conditions," Developmental Psychology 26 (1990), 978-986.

付録C

1) Fred Bauer, "The Power of a Note," in Heart at Work: Stories and Strategies for Building Self-Esteem and Reawakening the Soul at Work, compiled by Jack Canfield and Jacqueline Miller (New York: McGraw-Hill, 1998), 190-194.
2) Masaaki Imai, Kaizen: The Key to Japan's Competitive Success (New York: McGraw-Hill, 1986), 19-20, 107.

■原注

序章

1) VitalSmarts study: When Bad Relatives Happen to Good People (July 2009).
2) VitalSmarts study: How to Talk Politics with Friends----and Still Have Some Left (September 2012).
3) VitalSmarts study: Corporate Untouchables (September 2006).
4) VitalSmarts study: Pssst! Your Corporate Initiative Is Dead and You're the Only One Who Doesn't Know (February 2007).
5) Deborah Tannen, "How to Give Orders Like a Man," New York Times Magazine (August 28, 1994): 201-204.
6) Richard P. Feynman, What Do You Care What Other People Think? (New York: Bantam Books, 1988), 214-215.

第1章

1) Paul Ekman, Emotions Revealed: Recognizing Faces and Feelings to Improve Communication and Emotional Life (New York: Henry Holt and Company, 2003).
2) Solomon E. Asch, "Effects of Group Pressure upon the Modification and Distortion of Judgments," in Harold S. Guetzkow, ed., Groups, Leadership, and Men (Pittsburgh, PA: Carnegie Press, 1951), 177-190.
3) Stanley Milgram, Obedience to Authority: An Experi-

謝辞

ここに名を挙げるのは、本書の執筆作業に関わった一〇〇人以上のバイタルスマーツのメンバーのごく一部である。

ジェームズ・オルレッド、テリー・ブラウン、マイク・カーター、ランス・ガービン、ジェフ・ギブズ、ジャスティン・ヘイル、エミリー・ホフマン、ジェフ・ジョンソン、トッド・キング、ブリトニー・マクスフィールド、メアリー・マケズニー、ジョン・マイナート、デイビッド・ネルソン、ステイシー・ネルソン、リッチ・ルージック、アンディー・シンバーグ、ミンディー・ウェイト、ヤン・ウォン、スティーブ・ウィリス、マイク・ウィルソン、ポール・ヨーカム、ロブ・ヤングバーグ。

また、才能ある教師であり、優秀な影響者でもある在米の同僚たちに感謝する。

ダグ・フィントン

イレイン・ゲラー

タマラ・カー
リチャード・リー
サイモン・リア
マリー・ロー
ジム・マハン
マギー・モールディン
ポール・マクマリー
ジム・ムノア
ラリー・ピータース
シャーリー・ポートナー
マイク・クインラン
カート・ソーサム
ニール・ステイカー

最後に、世界各地で我々の仕事をサポートしてくれたパートナーと友人たちに謝意を捧げたい。

オーストラリア——ジェフ・フレミング、グラント・ドノバン

ブラジル――ジョスマール・アライス
中国――ジェニー・シュー
エジプト――ヒシャム・エル・バクライ
フランス――カティア・ビラック、ダクマ・ドリン
インド――ヨゲーシュ・スード
インドネシア――ヌグロホ・スパンガット
イタリア――ジョバンニ・ベレッキア
マレーシア――V・シタム
オランダ――サンデル・ファン・アインスベルヘン、ウィレク・クリーマー
ポーランド――マレク・ホイム
シンガポール――ジェームズ・チャン
南アフリカ――ヘレネ・ベルマーク、ジェイ・オーウェンス
韓国――ケン・キム
スイス――アルトゥーロ・ニコラ
タイ――TP・リム
イギリス――グレアム・ロッブ、リチャード・パウンド

■訳者紹介

吉川 南（よしかわ・みなみ）

吉川 南（よしかわ・みなみ）
早稲田大学政治経済学部卒。書籍やテレビ番組の字幕など幅広いジャンルの翻訳を手がける。訳書に『「先延ばし」にしない技術』（サンマーク出版）、『TEAM OF TEAMS』（日経BP社）、『熱狂の王 ドナルド・トランプ』（クロスメディア・パブリッシング）、『インフルエンサー』（パンローリング）など。

■翻訳協力／株式会社リベル

ケリー・パターソン（Kerry Patterson）
受賞歴のある優れた研修プログラムを生み出し、長期的な改革を数多く主導している。2004年には、組織行動に関する傑出した業績が評価され、ブリガムヤング大学マリオット経営大学院のダイアー賞を受賞した。スタンフォード大学で博士号を取得。

ジョセフ・グレニー（Joseph Grenny）
講演者やコンサルタントとして高い評価を受け、過去30年にわたり大規模な企業改革に手腕を発揮している。世界中の貧困者の経済的自立を支援する非営利組織ユナイタス・ラブズの共同設立者でもある。

デビッド・マクスフィールド（David Maxfield）
優秀な研究者、コンサルタント、スピーカーとして定評がある。医療ミスの防止、安全管理、プロジェクト実施に関わる人間行動の役割についての研究をリードしてきた。スタンフォード大学博士課程で心理学を修める。

ロン・マクミラン（Ron McMillan）
講演者やコンサルタントとして高い人気を誇る。コヴィー・リーダーシップ・センターの設立に携わり、研究開発担当副所長を務めた。下位の管理者から一流企業の幹部まで、幅広いリーダーを相手に仕事をしている。

アル・スウィッツラー（Al Switzler）
コンサルタントや講演者として有名で、世界中の一流企業数十社のリーダーを相手に研修や経営管理の指導をしている。ミシガン大学の経営幹部育成センターで教授を務める。

バイタルスマーツとは

企業研修やリーダーシップ育成を革新するバイタルスマーツは、30年に及ぶ独自の研究を、この50年間に築き上げられた社会科学の成果と結びつけ、これまでにない業績を達成しようとする企業を支援しています。その研究で特に注目しているのが、人間の行動、すなわち、従業員の日常的な行動を方向づける基本的なルールです（そこには暗黙のルールも含まれます）。

バイタルスマーツは、世界一流の企業との仕事を通じ、成功する企業にはある重要なスキルが存在することを発見しました。この高い影響力を持つスキルを組み合わせて使えば、そつのない業務遂行や持続的なイノベーションを促す健全な企業文化が生まれます。そのスキルについては、受賞歴のある研修プログラムや、ニューヨークタイムズ紙のベストセラーリストにも掲載された書籍（『クルーシャル・カンバセーション（Crucial Conversations）』『クルーシャル・アカウンタビリティ（Crucial Accountability）』『インフルエンサー（Influencer）』（訳注：邦訳は『インフルエンサー 行動変化を生み出す影響力』吉川南訳、パンローリング、2018年）『チェンジ・エニシング（Change Anything）』（訳注：邦訳は『自分を見違えるほど変える技術 仕事・お金・依存症・ダイエット・人間関係 チェンジ・エニシング』本多佳苗・千田彰訳、阪急コミュニケーションズ、2012年）で解説しています。

バイタルスマーツはこれまでに、100万人以上に研修を行ってきました。また、アメリカを代表する大企業300社以上に、迅速かつ持続的に従業員の行動を改善し、多大な成果を実現できるよう支援してきました。その結果、インク誌の「急成長を遂げたアメリカ企業」に、8年連続で選ばれています。

webサイトはこちら www.vitalsmarts.com

同じベストセラ

画期的な本だ。私自身、深く影
インスピレーションをかき立て

——
スティーブ

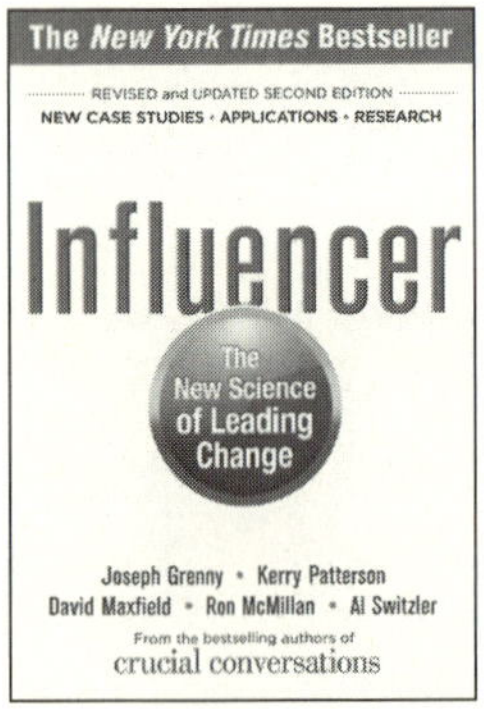

指導
の行
本書
て、

——
シド

ザッポスの核となる価値観に
れ、推進せよ』というのがある
キャリアをよい方向へ向ける
ることを教えてくれる

——
『顧客が熱狂するネット靴店

書店で

■著者紹介

本書の読者への特典

著者のジョセフ・グレニー、ケリー・パターソン、アル・スウィッツラー、デビッド・マクスフィールド、ロン・マクミランから、無料コンテンツ（275ドル相当）のプレゼント。いますぐネットでアクセスして活用してください。

ビデオ・ライブラリー

責任ある会話を実行したいけれど、どうしたらいいか分からない?
本書で学んだスキルを動画でチェックすれば、責任ある会話をレベルアップできます。

実戦問題集

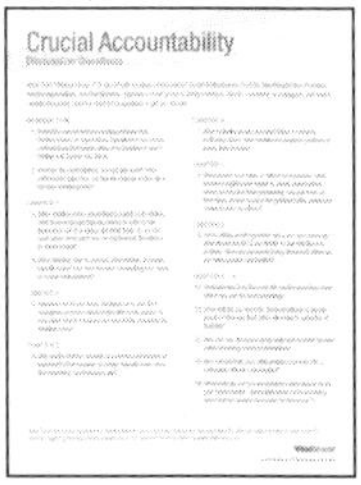

読書会の場で、著者が用意した実戦問題を解いてみましょう。仲間と一緒に学べば、スキル強化につながること間違いなし。

オーディオ・レッスン

人気のオーディオ講座へのアクセス権を特別に提供。洞察に満ちた、興味深いストーリーに耳を傾けてみましょう。

ニュースレター

第9章「12の言い訳」はお役に立ちましたか?
週刊ニュースレターを購読して、自分の困った経験を質問しましょう。著者たちが毎週、あなたが直面している難問に確かなヒントを与えてくれます。

コンテンツへのアクセスは www.vitalsmarts.com/bookresources へ。

2019年7月2日　初版第1刷発行

フェニックスシリーズ ㉞

クルーシャル・アカウンタビリティ
――期待を裏切る人、約束を守らない人と向き合い、課題を解決する対話術

著　者　ケリー・パターソン、ジョセフ・グレニー、デビッド・マクスフィールド、
　　　　ロン・マクミラン、アル・スウィッツラー
訳　者　吉川 南
発行者　後藤康徳
発行所　パンローリング株式会社
　　　　〒160-0023　東京都新宿区西新宿7-9-18　6階
　　　　TEL 03-5386-7391　FAX 03-5386-7393
　　　　http://www.panrolling.com/
　　　　E-mail　info@panrolling.com
装　丁　パンローリング装丁室
印刷・製本　株式会社シナノ

ISBN978-4-7759-4208-6